イギリス流
小さな家で贅沢に暮らす

British small

井形慶子

KK ベストセラーズ

JN181014

必要にして十分という価値観

十代から通い続けたイギリスでは、小さな家が愛されています。田舎のコテージ、都会の瀟洒《しょうしゃ》なテラスハウスの佇まい。ハンギングバスケットやハンカチのような前庭に花を植え、庇《ひさし》や格子で陰影を細工しと、住人の思いが伝わる住まいは、誰もが手の届く豊かな暮らしの象徴のよう。ロンドンに小さな住まいを持って以来、その思いは強まりました。

日本では狭小住宅は安普請で住みづらい、「小さい」ことは家にとってマイナス要素と考えられてきました。けれど、近年では「小さな家」の方がリスクがなく、快適な暮らしをもたらしてくれると人気を集めています。イギリスの小さな家を描いた本を今に沿うよう改めて再編しようと思ったのは、小さな家の需要がますます高まっているからです。老いても自立してわが家で暮らしたい人が増える今、必要にして十分という価値観に目を向けると、住まいがもっと心地良くなるはずです。

ロンドン、１ＬＤＫの庭付きフラットに
自分の未来を重ねた——

本書は2004年出版された「少ないお金で夢がかなうイギリスの小さな家」をもとに書き下ろし、再編しました。

イギリス流 小さな家で贅沢に暮らす

British Small

CONTENTS

※本文中の価格は１ポンド＝150円で換算しています。
※掲載された電話番号、ホームページアドレスなどの情報は、2016年8月時点のものです。

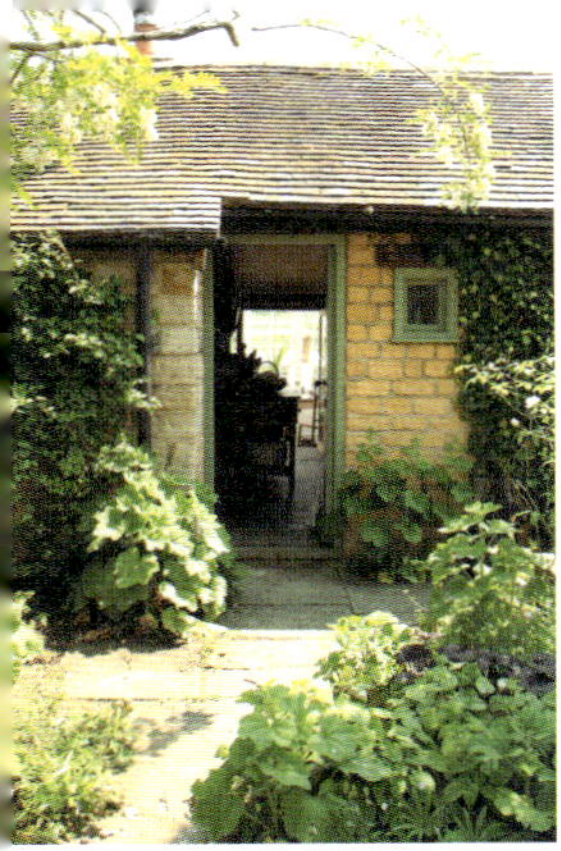

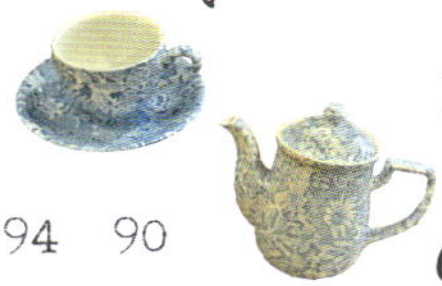

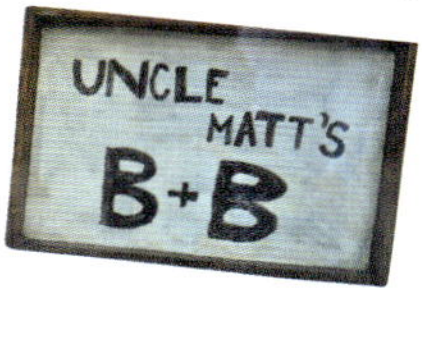

UNCLE MATT'S
B+B

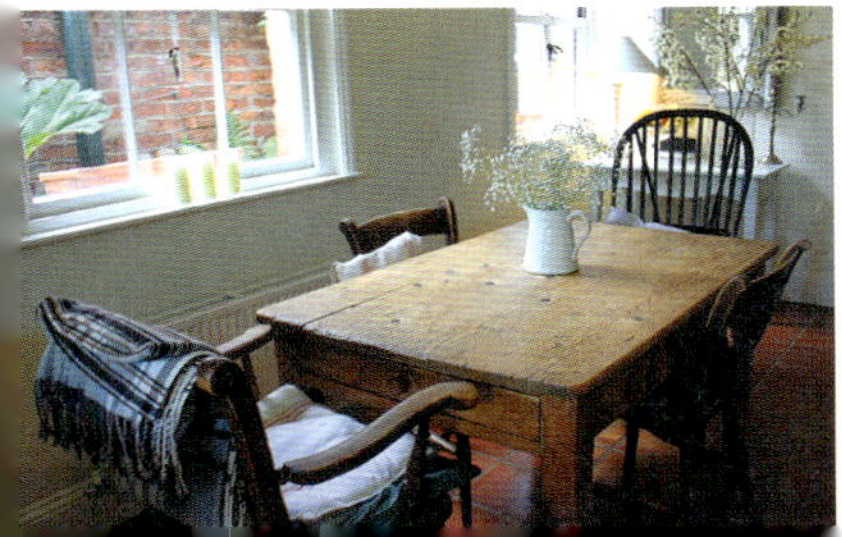

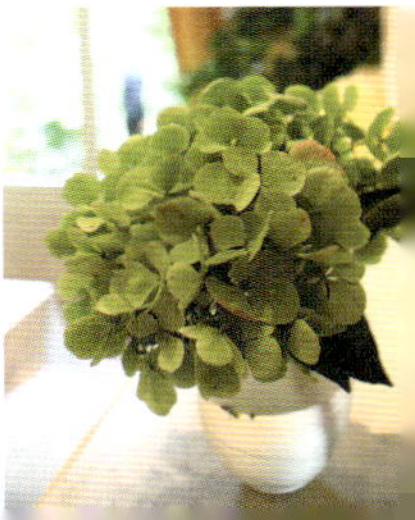

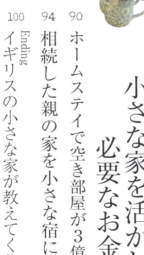

イギリス人が愛するコンパクトハウス

イギリスの小さな家・基礎知識

スコットランド、ウェールズ、北アイルランドを合わせたイギリスの労働者が暮らす
共同住宅はラビットハッチと揶揄されるほど小さく、一部屋のサイズも６畳以下。
イギリスといえば美しい庭園のあるマナーハウスを思い浮かべますが、
イギリスの家は小さい！　が前提。「家はわが城」というイギリス人の「城」とは
大きな家ではなく、こぢんまりした居心地良い空間を指すのです。

point 1 イギリス人が小さな家に求めるものは？

「ホームリー」という居心地の良さ。これは建物の広さ、大きさに相反する世界観です。

だだっ広いリビングも、そこに古い家具やアンティークを飾り、わざとゴチャゴチャ、狭く見えるようにして、落ち着く空間を作るのもイギリス人のなせるワザ。

また、小さな家は掃除や補修、メンテナンスなど、大きな家に比べて手間がかからず、負担も少ない。経済的な安心感も小さな家に求める要素です。

point 2 小さな家を購入する人たちは？

一般的に資金力のないファーストバイヤー、つまり若いカップルや独身のキャリア組が主です。ロンドンなど都会に暮らすイギリス人は、まず買いやすいステュディオと呼ばれるワンルームフラットを購入して家づくりします。地方都市なら庭付きのこぢんまりしたテラスハウス。安普請でも内装を磨き上げ、素敵なホームに変身させます。

また高齢者は便利な市街地にバンガロー（平屋）を。投資家は売りやすく、貸しやすい都心のステュディオをと、小さな家のニーズは全世代にわたります。

point 3 広さは寝室の数で決まる？　でも明確な基準なし。

イギリスでは住宅を延べ床面積でなくベッドルームの数でカテゴライズします。ややこしいのは１寝室の家（one bed room）でも建物の築年数（様式）や、ロケーションによって広さがまったく違うこと。

たとえばロンドンの一等地に建つ１ＬＤＫは、まるでホールのような巨大なリビングに、スペーシャスな寝室があり、広さは100㎡以上。価格も数億円と破格です。一方、部屋数があっても、とても狭かったり。日本の畳何畳分のような明確な基準がないのです。

point 4 小さな家を買う時の優先順位は？

すでに書いたようにイギリスでは家の大きさより寝室の数に重きが置かれます。

優先順位、イギリス人の場合は、
①寝室の数（間取り）
②どこに住むか（ロケーション）
③価格　となります。

娘、息子でも、性の違う子どもどうし部屋を共有させてはダメなどのルールもあり、ファミリーにとって部屋数はとても大切。逆に日本人が家を選ぶ場合の条件、築年数、土地（敷地）の広さ、最寄り駅からの距離は、あまり重要視されていません。

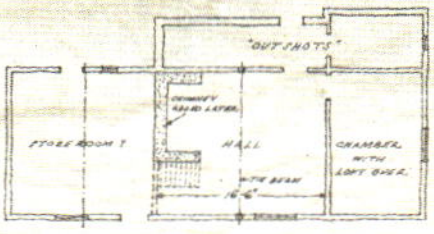

イギリスの平均住宅床面積は大きな家を含めても約85㎡、
新築住宅は70㎡台とヨーロッパでは最小。日本の平均94㎡より小さいのです。
その上、ロンドンでは住宅高騰が続き、
平均住宅価格は約8100万円、年収の約15倍との報道も！
庶民の手が届く小さな家の需要はこんなところからも生まれているのです。

point 5 住宅販売用のパンフレットに敷地（プロット）面積の記載がない？

家の大きさに限らず、イギリスで家とは、基本的に建物と庭を指します。販売用のパンフレットにリースホールド（土地建物使用権）の期間は明記されていますが、敷地面積は記されていません。敷地の広さは売買の場面でも重要視されない印象です。

むしろ建物に様々な規制がかかるお国柄ゆえ、敷地の広さよりリフォームをするための地元自治体の許可 Permission を取得できているかどうかがより大切です。

point 6 人気ある小さな家の代表は都会のコテージ？

ロンドンにはヴィレッジ（村）と呼ばれるエリアがあります。古き良き英国の田園風情をとどめるハムステッド、ウィンブルドン他。どの地区のヴィレッジも人気が高く、とりわけコテージなど狭小戸建は近隣のフラットと比べても高値です。60㎡に満たないのに1億円以上。都会のコテージは田園と都会生活の融合と、大変貴重で、著名人にも愛されています。

point 7 ロケーションにこだわりたいから小さく住む

別のエリアなら同じ金額で立派な家が買えるのに、なぜ小さな家を選ぶの？　家探しビギナーの頃、よく疑問を持ちましたが、答えは明快。イギリスでは家選びにとってロケーションが何より大切なのです。

緩やかな階級社会、そして多民族国家ゆえ、ブロック一つ隔てただけで、住環境はガラリと変わります。安くても貧困地域だと安全に暮らせなかったりモラルや生活習慣も大きく違う。そういったことからも大きな家より、人気のエリアに小さな家を求めるのです。

point 8 小さいのになぜ日本の家より開放感があるの？

イギリスの小さな家は、日本の同じサイズの家に比べ圧迫感がありません。

たとえば人気の高いヴィクトリア時代の建物は、天井高があり、窓が大きい。58㎡しかない私の家も白いペンキを塗って、より広々とした感があり、人が大勢寝泊まりしても快適です。たとえ閉塞感のある家を買ってもイギリス人は即行動。壁を取り払い、裏庭へ続くドアをガラス戸にするなど、オープンスペースを確保します。大切なのは壊して、透かして家を開放すること。イギリスで家を買うことはリフォームが大前提なのです。

Chapter 1

広さより個性のある家に住もう

国民の大半が築70年以上を経過した超中古物件に暮らすイギリスでは、住宅販売用のパンフレットに家の敷地面積は記載されていません。

家を売る時も、買う時も広さや性能以上にホームリーな感覚を大切にするから。

自然と共生できる小さな庭、ローカルストーンの外壁、建物の歴史など数値で計れない家の個性が良い家の評価につながるのです。

1630年代築の家を約30年前に購入したコッツウォルズ在住のヘレン。友人の手を借り、今も1人で住んでいます。

エリザベス女王生誕90歳を祝うエルダーフラワー水で、もてなしてくれたヘレン。

古い家は窓が小さく太陽光が入りにくいので、観葉植物は陽当りの良い窓際に所狭しと並べます。

1986年に購入以来、たった一人で
コッツウォルズの村に建つ築400年、
寝室2つだけのコテージに暮らす80代のヘレン。
およそ200万円かかる藁葺き屋根の修復も
やってのけた頼もしさは、私の著作でもご紹介してきました。
美しいコテージは大切なイギリスの資産だから
住み継ぎ、守るという考え方。
「草花のように家を育んで住むには、小さくなければ絶対無理ですよ」
知り合ってはや10年以上。
ヘレンは変わらず大好きなりんごの木を世話しつつ、コテージの暮らしを楽しんでいます。
小さい家だから手放さなかった幸せです。

小さなベッドルームを生かしB&Bとしてゲストを受け入れています。

バスルームの壁には先祖代々受け継いだ絵が飾られていました。

高齢者が一人暮らすコテージはどこもホームリーでいい匂いがします。
（コッツウォルズもう一つのコテージ）

キッチンは家で一番広いスペース。コテージのキッチンはシンクトップが狭いため大きなテーブルが調理台を兼ねます。洗濯、アイロン、食事とキッチンテーブルは小さな家でマルチに活躍します。

構造躯体のオークビームが趣あるゲスト用の寝室。天井高は180㎝と低いのですが、不便を感じません。

寝室は8畳ほど。ベッドサイドに椅子を置くのは着替えに便利だから。

コッツウォルズのストーンコテージ。家は小さくとも大きな庭。

小さな家、外観に変化をつけて魅力アップ

Crooked House Beauty

小規模住宅でも、イギリスの家の外観は実にユニーク。
イギリスではどんな小さな家でも、建築家はまず第一に、
間取りではなく外観のデザインを考えるからだとか。
日本ではマンション感覚で戸建てを建てると聞いたことがありますが、
既成の家でも、外観から見直すことで趣が増します。

ロニセラ、ツルニチニチソウなど朱色の花は朽ちた外壁を絵画のように見せます。

黒い枠組みと手荒な漆喰で塗り固められたデコボコハウス。室内の床も傾いて。

未熟な石工術による煙突が特徴のウェールズに建つ、17世紀築のコテージハウス。いびつさもこの家の個性。

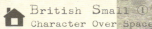

イギリスのタウンハウスやコテージを見ていると、大きな出窓や、ジェッティと呼ばれる二階部分がいきなり張り出すデザインなど、外観には家を美しく見せるための、あくなき挑戦のあとが見られます。

「たとえ室内がどんなに使い勝手のよい間取りでも、外観に何の魅力もなければ、イギリス人はその家を買わないわよ」と語った人がいました。これが間取りを優先する日本との大きな違いです。

一七八〇年頃、イギリスでは建築家たちによって趣のある美しいコテージが続々と建てられました。『英国コテージ建築』を著書に持つジョージ・メルトンは、紳士から一般市民までが抱いていた、小さくても自分の家を持ち、生垣を作り、花を植えるといった、静かで素朴な田園生活の夢を叶えた建築家でした。

彼は、たとえ役立たなくても窓の日除けを増やし、玄関ドアを中心に建物の均整をとり、それまでの小住宅の考えをもとに、個性的な趣あるスタイルを確立させたのです。家の軒、窓、戸の三角形の庇《ひさし》、玄関、格子は、適度に光と影による陰影ができるよう設計されました。人々はそのデコボコの外観から、家の中がどうなっているのか、まったく予測できなかったといわれています。

メルトンは、趣ある外観と住まいの品質を区別した最初の人でした。

多少、使い勝手が悪くても、家は外観から魅力を放つものでなければ、人は豊かに暮らせない。こんなコンセプトのもと、当時、彼が発表した「三寝室付き」と呼ばれるコテージは、その後のイギリス小規模住宅に大きな影響を与え、建物が小さくなるほど外観に様々な工夫が施される家の面白さは、ここから始まっていきました。

ところで、こんなイギリスでも一九六〇年から十年間、アメリカの家そっくりの広さを追求した新興住宅が次々と建設されていきました。一瞬注目されるものの、家は「住むと飽きる」とたちまち人々に見限られます。

そして興味深いデコボコの外観を持つ古い家が、再びキャラクターハウス（個性的な家）として見直されるのです。もちろん、不便さもセットになっていましたが、それを克服する新たな暮らしの楽しみはかけがえのないものでした。

たとえばイギリスの家によく見られる大きな弓形出窓（ボウ・ウィンドウ）は、大きな魅力として、昔から人々が家に絶対なくてはならないと主張してきたものの一つです。ところが大きな出窓を取り付けることで、窓周辺には既製の家具が置けない、いびつなデッドスペースが生まれます。

このような空間に「ウィンドウ・シート」と呼ばれる作りつけのベンチを設置することで貴重なコーナーを作り出す。そこに座って日中、いろんな角度から差し込む陽の光を浴びつつ、本を読んだり、くつろいだりするのです。かつて上流階級の人々は、この大きな窓から景色がさらに美しく見えるよう、庭園に小さな湖や丘まで作らせたといわれています。

こうして住むには大変そうな家によって、豊かに暮らすアイデアが生まれていっ

キャラクターハウス
想像をかき立てられる個性的な家

外壁にグリーンを這わすだけで
平面的な家がドラマチックに変身！

たのです。
面白い形の家を造ろうとするほど室内は家具が置きづらくなり、屋根の勾配で天井も低くなります。また、余計な資材も必要になり手間もかかるのです。けれどもそれが家を造る醍醐味だとイギリスの建築家らは語ります。
ごく普通の中古住宅に住む女性は、家の外観を変えたいと、つるバラを外壁に這わせました。一年後、彼女の家はバラが咲き、通行人も思わず足を止める素晴らしい家となったのです。費用をかけず外観を変える、素晴らしいアイディアだと感心しました。
グリーンを上手に加えるだけでもキャラクターハウスは出来上がるのです。

ナローボートに息子を住まわせながら、一年で一艘のペースでボートハウスを作り上げる。船内は木の香りが漂う居心地良さ。

壁と天井があればよい

おかしな家を誇りにして

思いも寄らない建物を家にする喜び。世界でただ一つのわが家は
運河をすいすい移動できたり、塔のてっぺんだったり。

小さな家を求めるイギリス人に人気が高い風変わりな家で忘れてならないのが、ボートハウスと呼ばれる水上の住まいです。

ビートルズの「アビーロード」で世界的に有名になった高級住宅街、セント・ジョーンズウッド近くの運河では、朝ものかかる水面に、何隻ものカラフルなオランダ船が停泊していました。

ボートハウスなら庶民でもロンドンの高級住宅エリアに住めます。運河だけは住宅バブルに関係なく、都会生活から田園生活までを、高い家賃や住宅ローンに縛られることなく堪能できるのです。

高騰する不動産へのアンチテーゼ。

長さ約六mの居住用ボートはロンドン地区での人気が高く入手困難なため、人々はわざわざオランダや北欧まで居住用ボートを求めて旅に出るのだとか。

狭いながらもキッチン、バスルーム、寝室がある一隻の船の値段は、日本円で一〇〇万から三〇〇〇万円までと幅広く、予算に応じて購入できるのもいい点です。

面白いのは船室のインテリアです。そ

ここにはオーク材を使った備え付けのベッドや美しいタイル張りのキッチンが、古いイギリスの家と同じ雰囲気をかもし出していました。たとえ住まいが建物から船に代わっても、そこには「ホームリー」な感覚が変わらず息づいていたのです。

ボートに暮らし、停泊所に居住停泊する場合には国の許可を取得し、水道、ゴミ捨て場など生活に必要な設備のある停泊所に停泊。料金は、地域毎に定められる税金を収める程度だということです。

ボートハウスに暮らすとイギリス全土に広がる、荷物を運搬するために作られた運河が自由自在に使えます（係留権の取得は必要）。

ボートで暮らす人々は週末になるとこの運河をつたって田園地方の旅に出発します。テムズ河では「リバーポリス」と呼ばれる河川警察の船も巡回する上、速度から航行可能なレーンまで、すべて道路並みのルールが定められているので安全です。

重たいスーツケースや道路の渋滞など一切の煩わしさから解放され、住まいごと、ゆっくりと運河を進むのです。休日の伸びやかな光を浴びながら、思い立ったら家ごと旅立てるとは何という贅沢でしょうか。

ボートには石炭ストーブがあり、船内は湿気もなく暖かいと、訪れた人全員がその居住性に目を見張るそうです。家に個性を求めるイギリスの小さな夢の人気住宅です。

さらに調べてみますとイギリスではWindmillと呼ばれる風車小屋やLighthouse——燈台を住まいとして購入することも珍しくありません。

イギリス中部の田園地帯の風車小屋を一八万ポンド（約二七〇〇万円）で購入した三〇代の夫婦がいました。彼らは、風車の上階からの壮大な田園風景を一目見るなり、何としてもここに住みたいと風車小屋の購入を決意しました。

高さ三六mの風車は一二階建てビルとほぼ同じ高さで、一見巨大に見えるものの、上に行くほど空間は狭くなります。まして部屋の幅は最大で四・八mと狭く、改造しても寝室二つ確保するのが精いっぱいということでした。

円柱形の空間では、ベッドやタンスが曲線の壁にぴったり置けないと、わざわざ丸いベッドまで作ったそうです。

イギリスでは不動産業者が、地元の燈台から教会までを取り扱って販売していること自体、大きな驚きでした。

たとえ物件が風変わりであっても、そこを住める状態にすれば、イギリスの融資会社も抵当権を設定して購入資金を貸し出してくれます。このような社会の仕組みも、小さな家のバリエーションが豊富な理由です。

歴史まで建物の価値。
燈台に住む贅沢。

Light House

燈台守が暮らした部屋をベッドルームとして改装。

燈台建築家ロバートスティーブンソン設計のスコットランドにあるコースウォー燈台。

もと燈台のスリリングな寝室。
コッツウォルズのカントリーハウスは
マンションのように１ＬＤＫに分割され、
ヨークシャーの運河ではボートハウスを楽しそうに製作する男性に遭遇。
どれもリタイア族に人気の小さな家です。

カントリーハウスは各住戸に区切られ、セントラルヒーティングが設置されるなど近代的に改装され、小さな住まいが作られていました。

広いエントランスはレセプションとしても利用できます。

設置した簡易ベッドと地元の木材業者から仕入れたオーク材で作ったキャビネット。

船内にはバスルームやキッチン、ボート全体を石炭で温める暖房も。

Boat House

スキプトンの職人は自作の住居用ナローボートを約 11 万ポンド（約 1650 万円）で販売しています。

Country House

19 世紀の歴史的建造物であるカントリーハウスの各部屋を 1LDK ～ 2LDK に分譲販売。敷地内の東屋や釣りのできる池まで全て共有スペースです。

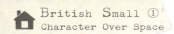

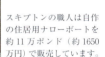

小さな家＝ホームリーという発見

"Size is not way of showing status."

家の広さが社会的地位をあらわす――こんな価値観でイギリス人は家を選びません。
イギリスで不動産屋を回ってみると、イギリスの古い住宅はたしかに小ぶり。
偶然出会った一軒のコテージから小さい住まいの素晴らしさを知りました。

コッツウォルズでヘレンの瀟《しょう》洒《しゃ》なコテージに出会う少し前から、小さな家への興味は募っていました。

ある時、イギリス北部にあるヨークシャーをドライブするうち、小さな町にたどり着きました。

ぶらぶらと石造りのタウンハウス（続き長屋）が建ち並ぶ商店街のはずれまで歩いていった私は、そこで「FOR SALE」（売家）の看板を見つけたのです。

売り出されていたのは一軒の小さなコテージでした。

自然石を使った外壁は長い年月の中で風化して、ヨークシャーのたれ込めた雲の色と同じくすんだ灰色。

ゆうに数百年以上は経過しているその小さな家の窓はカーテンもなく、すでに住人は引っ越している様子でした。中はどうなっているんだろう。

興味津々で窓から室内をのぞき込んだ私は、一目で室内の様子に釘付けになりました。

約十畳ほどの居間の中央には暖炉があり、それを囲むように椅子とサイドテーブルが並べられています。玄関から一番遠い場所にはキッチンがあり、シンクの上の裏庭に面した窓からは、かすかに陽の光が差し込んでいました。中世の小作農のために建てられたこのコテージは天井が低く、小さい窓があり、木製の室内ドアには飾り蝶番まで付いています。

他に部屋はないのか見ていると、居間の中央にはぐるりと上階までのびた鉄製の螺旋階段もありました。

不動産屋の話から計算すると、二つの寝室があるこのコテージの床面積は全体で四九㎡しかないそうです。サイズか

居間の中心にはいつもテレビがあり、家族から受け継いだたくさんのアンティーク、写真、本までが空間を区切り、暖かくホームリーな住まいを演出していました。

ら割り出すと寝室は六畳程度、キッチンに至ってはたった三畳でした。つまり、このコテージは玄関周りに狭い前庭が付いた、とても小さな家だったのです。

不動産業者によると、日本円にして約三〇〇〇万円のこのコテージは、売りに出た時から引き合いが多く、すでに十組以上が内見に来ているというのです。おそらく一週間以内に購入申し込みが入るだろうとのことでした。

この人気は何を意味するのでしょうか。

この町には他にも同じ価格帯の売家があり、調べてみるとそれらはもっと広く、駐車スペースさえ付いているのです。

業者によると小さなこの家のほうが人気があるのは、「このコテージがhomely（ホームリー）だからだそうです。

聞き慣れないhomelyという単語に首を傾げる私に、業者はこう続けました。

「このコテージはたしかに小さくて狭い。けれど、どんな人をもくつろがせる雰囲気に満ちていて、訪れた人に幸せな暮らしをイメージさせる力がある。この家はイギリス人が最も大切にする、『わが家のように居心地がいい』というポイントをはずしてないんです。この狭さ、建物の小ささが、管理しやすく暮らしやすいと人を安心させるんですよ」

一般のイギリス人の家は小さい。ホームリーな心地よさは、むしろ小さなコテージがかもし出しているのです。

人が１人通れるくらいの階段。上階の家具は小さ目に。

Chapter 2

ミセス・プルーの心地良い住まい方

1899年築エドワーディアンのセミデタッチドハウスを1994年に94,000ポンド（約1,400万円）で購入したプルー。寝室のクローゼットは開けたらトイレが出現！

イギリス南西部、チェルトナムの丘を望む羨望の郊外に
庭に惹かれて手に入れた瀟洒な家を
自分のスタイルで住みこなすミセスプルー。
You live what you learn――「家を見れば
その人の生き方が分かる」を信条に、
合理的な家づくりを楽しんでいました。

チェルトナム郊外の、クリーブヒルが見渡せるレックハンプトン。レベルの高い公立学校が近くにある美しい住環境も住み続ける理由。

近隣もすべて同じ建築様式だから家並みが美しい。

キッチンテーブル横の壁は、夜、ライトアップして。陰影をかもし出す通路を眺めるため前面ガラス張りに。

ミルクパンに玉子4個を割り入れ、バター少々加えるだけのスクランブルエッグ。とろけるおいしさ。食事も10分で出来る好物のチーズオムレツとチップス、サラダを楽しむ毎日。

連結式の可動棚。奥まで収納した食材は簡単に引き出せて、スペースの節約に。

小さな家ほど段取りが大切

プルーのアイデアはすべてオリジナル。雑誌やカタログは見ない主義

イギリスでは最高レベルの女子校として名高いチェルトナムレディースカレッジの保健室長だった六〇代のミセスプルー。二二年前に購入した羨望の高級住宅地、レックハンプトンに建つエドワード朝時代の家を二〇年かけて改装、今のカタチにしました。夫は息子が九歳の時に他界し、子育てと仕事の狭間で整然と家を保つため、家具の配置からお金のかけどころまで徹底してムダを省きました。

帰宅後、過ごす部屋——ミント色で統一したリノベキッチンには自分専用のソファを置き、夜ごとロンドンに暮らす息子と長電話。家に二つのトイレは絶対条件と、二階の寝室にはクローゼットの中にトイレと洗面所を追加。「最高のスペース活用」と胸を張ります。

田舎への憧れはあるものの、仲介手数料や印紙税等で五〇〇万円近くかかると、老後もこの家に住み続けるつもりだとか。掃除は月二回一時間半ずつプロのクリーナーと共に完結するなど、衣食住、全てオーガナイズ。自分の心地良いスタイルを貫いています。

雨の多いイギリスで、暖かなソファのある空間は
とても大切というブルー。友人を招く場はキッチン。
その方が、料理をしながらお喋りが楽しめるから。

リビングのサイドテーブルには母から結婚祝いにもらったカトラリーやお皿を少しだけ。

母のオーク製のバタフライテーブルの上には、息子ジェイムスや母の写真をシンメトリーに配置。美しい！

母が作ったタペストリーをシートにした椅子。祖父も手芸が得意。

普段履きの靴もまんべんなく履きつぶせるよう、まとめてカゴに収納。

母ゆずりのプレートを鍵置きに使用。出かけるたびに取って、戻してと、習慣化できます。

大好きなサングラスも器にてんこ盛りで取りやすく。帰宅したらすぐここに。失くさない。

HABIT OF NEATNESS
片付けを習慣にするものの配置

ヴィクトリア朝時代のナーシイングチェアはローラアシュレイの生地で刷新！

戸棚の奥の壁紙はギャラリーレッド。白い陶器を目立たせるため、キリッとひきしめ色で。

家中いたるところにサシュが香る。フランス製ラベンダーは虫よけにも。

キッチン、ダイニングは、庭だったところを増築して作ったそう。キッチンはサイレンセスターの「パーラファーム」に依頼。大理石のシンクトップや棚を含め約1万ポンド（約150万円）。大好きなミントグリーンで統一。

人気の調理ストーブアーガは、ランニングコストが高いため、5つ口のコンロを使用。調理器具は見た目で選びません。

バナナを切って生クリームをかけるだけのデザート、バナナクリーム。

フライパン1つで簡単に作れるオムレツは多忙なプルーの定番夕食メニュー。スーパーの卵でもミックスハーブを最後にふればとてもおいしいオムレツができる。

袋入りのローストチキンなら、オーブンで加熱しても肉汁がこぼれず後片付けが簡単。手早く、手間ナシの家庭料理。

毎年1枚、安価なカシミアを買い足す。お手入れはウール用洗剤を使い洗濯機で弱流洗い。クリーニングに出したことはないそう。10年間、服を持たせるより、安価なカシミアをTシャツ感覚で着る方が楽しいそう。

約5年前にIKEAで購入したソファ。カシミアはイケアのソファの背に一晩かければ型くずれせず干し上がるとか。

WISE KITCHEN

キッチンの決めごとを作る

食事のときは花でなく、ベネチアングラスの鳥の置物でデコレーションします。

勤めていたチェルトナムレディースカレッジをエリザベス女王が訪問したときの写真。

日常使いのカップは取り出しやすい下段に集中。

WELL PLANNED LAYOUT

動線を考えると快適な位置が見つかる

クローゼットをトイレに改装。中には息子ジェイムスの友達からの手紙を飾って。「服を吊るすより、ずっと有効な使い方よ」

狭いトイレは座ってホルダーの紙が取りづらいため、スツールの上にトイレットペーパーを置きます。

バスルームには収納付ベンチを置き、はみ出たものを全て収納。

南フランスに住むブルーの従姉妹が彼女の頭文字を刺繍したリネンの袋。石けんを入れて芳香に。

旅先のホテルのアメニティは持ち帰り、器にまとめ、ゲストが自由に使えるように飾ります。

息子が使っているチェルトナムで購入した約75,000円のアンティークデスク。本棚の壁紙でアカデミックな雰囲気の部屋に。

ロンドンでオイルを販売する企業に勤める、25歳の一人息子、ジェイムスの部屋。セントラルヒーティングに吊るしたスクールタイの見事な収納法は母ゆずり。

個室の壁を取り払い
家具も、配置もバラバラ
どこに、誰が座るのか
自由に選べるの楽しい空間

居間とダイニングをひと続きに。カーペット+ラグをバラバラに配したシングルチェア、ソファの効果でホームリーな雰囲気が。中心にコーヒーテーブルを置かず、小さなサイドテーブルを分散させるのも真似したいアイディア。住まいから生活まで体系づければ心地良いスタイルができると教えられました。

ゲストも心安らぐリビングの作り方

For cozy living room

買い足したり、もらった椅子、ソファをテレビや暖炉に向かって配すが基本。
「お見合い型」よりずっと気持ちが休まります。

プルーの居間は家具の配置が絶妙でした。祖父の代から使われてきたようなロッキングチェアや、背が曲線になっている木製の椅子までがバラバラに置いてあるのにスッキリ。

日本人の感覚では、こんな家具の置き方はスペースの無駄。ソファを壁にぴったりとつけて、その前にテーブルを置けば狭い部屋も広く使えると考えるからです。

ところが、一見不合理に思えるこんな家具の置き方に、イギリスの人々のリビングルームを生かす知恵が隠されていたのです。それは、「家具の並べ方で人との関係が変わる」というものでした。

かつてイギリスのリビングルームはウィズドローイングルーム（引き下がる部屋）と呼ばれ、大広間や大食堂の晩餐会から人々が退出（withdraw）して、一休みできる部屋を指していました。そこには座り心地のいい椅子やソファが不規則に置かれていたのです。

一見ごちゃごちゃとテーブルや椅子がひしめく小さいけれどほっとする空間で、人々はたわいもないおしゃべりをして、自分たちを人間関係のストレスから解放していたのです。

これがイギリスのリビングのコンセプトとなりました。

イギリスではリビングをレイアウトする場合、まずテレビを部屋のどこに置くかを最初に決めます。テレビは通常、暖炉から少し離れた壁際、つまり部屋のいちばん目をひくコーナーに置かれます。

かつてイギリスのテレビ情報誌が発表した調査結果によりますと、テレビがないと淋しいと答えたイギリス人は半数以上で、一日六時間以上テレビを観ている人は四〇%にのぼるということでした。イギリスでテレビは、お金のかからない誰もが楽しめるエンターテインメントなのです。

また、自宅のリビングは別名「media centre of the home」とも呼ばれ、テレビを観ながら家族がニュースを論じたり、ゴシップネタを仕入れる場にもなっています。

人の集うリビングでテレビが中心的存在なのは、娯楽と教養の両方がテレビを観ることで得られるからです。

さて、テレビの場所が決まったら、次にいちばん大きいソファの場所を決め、あとはテレビを取り囲むようにロッキングチェアや一人掛け用のソファを並べます。また、壁際やリビングの入口には椅子やスツールを置き、部屋を訪れた人に「どうぞ好きな場所にお座り下さい」と呼びかけるような、楽しい雰囲気を演出します。

何人ゲストが来ても皆が向き合うのでなく、共に同じ方向を見る。こんなレイアウトは人を無理に対面させず、狭い部屋の中でもリラックスできる雰囲気を作り出すのです。何より不規則に配された家具によって部屋に人の気配が生まれ、それが温もりを演出していました。

こんなリビングに置く椅子やソファは、少しずつ足していくのが原則です。

友人から譲り受けたり、カーブーツセールと呼ばれる中古マーケットなどで、偶然出会った掘り出し物の家具までも一つずつ加えていきます。こうして家族が増えるに従って様々な種類の家具が集まります。

その結果、時と共にリビングには年代やデザインの違う家具が並び、住む人の個性が息づいて、ホームリーな雰囲気も熟していくのです。

ゲストも家族も大勢の人に囲まれながらも、裁縫などの手仕事に熱中したり、本を読んでも周りが気にならないのは、不規則な家具の配置が成せるワザです。

ナディアンパインの木とライラックの花が咲き誇るかぐわしい庭の指定席。ブルーが一息つけるアウトリビングです。

Chapter 3

狭さを解決するホームリーな家づくり

小さな家を広々とした感覚で住もうと、イギリスの人々は閉塞感を取り払うキッチン、庭、そして老後の住まいに、小さな工夫をこらします。

イギリスでも現代人はますます多忙を極め、
自宅のメンテナンスに手が回りません。
管理しやすい小さな家を、心地良く住みこなすには、
スペース、光、ものをコントロールすることがコツ。
キッチンは設備より窓の位置にこだわり、
アウトドアリビングとしての庭を作ることで、
小さな家の住み心地は格段に向上します。

庭に続くキッチンの右側は靴を収納。簡単に庭に出られます。

小さな家のキッチンの良さは、居ながらにして冷蔵庫や食器棚に手が届くこと。窓外に広がる景色を楽しみましょう。

Kitchen

キッチンは眺めと抜け感を大切に

イギリスの人たちはキッチンが大好き。食事をとり、家族と語り合う場は、自然とつながるように。

小さな家の閉塞感を取り払う飽くなき工夫の一つがキッチンの窓です。

寝室が一つしかないようなロンドンなどの都市部の狭いフラットのキッチンにも窓はありました。キッチンの窓の向こうに庭はないものの、路地や屋根の連なりなど外の景色は変わらず見えています。こんな様子に、窓の目的は採光だけではないと感じるのです。

建築家によると、イギリス人がリビングと同じくキッチンからの眺望を大切にするのは、家の中のどんな場所にいても光や風を感じていたいからだそうです。

自然を暮らしに取り入れてきたイギリス人は、誰もが室内と屋外が一体になる住宅を理想にしてきました。外と内をひたすら結びつける only connect（結びつける）というコンセプトは、狭いキッチンにも生かされていました。

人々は昔から単調な皿洗いや料理の下ごしらえをしながら、庭に育つ野菜をながめて献立を考える、ささやかな楽しみを大切にしてきたのです。

しかも、草花が自然に茂るイギリス

キッチンを小さな家のオープンスペースに。
少し高価な開き戸が
開放感をもたらせます。

ガーデンとひと続きになるようテラスと同じ石材を床に使って、続き感を演出！

の裏庭は窓越しの方がずっと素敵に見えるのです。

夫婦共働きが圧倒的に多いイギリスでは、夫が皿洗いや夕食の後片づけを担当する家庭も多く、キッチンは女性だけの領域ではありません。

家事労働軽減が叫ばれる今、キッチンにはますます収納力のある棚や高品質の設備が加えられています。

けれど視点を変えて、キッチンの窓にこだわることで、私たちは家の中で最も幸せを感じる部屋を、もう一つ手に入れることができると思うのです。

2階のキッチンから庭を望む気持ちよさ。

電気が普及していない1800年代初頭の家には、窓から自然光を取り入れる必要がありました。そのため、数多くの窓が残っています。

ホームセンターで購入したキッチンユニットで、自分たちで作り上げたキッチン。裏庭から差し込む日差しが明るい部屋にしてくれます。

テレビより外の景色がおもしろい
男のキッチンにも窓は必要

休みの日、必ず数時間はキッチンで過ごすという年配の大学教授がいました。

「これが広いキッチンなら時には友人も交えながら、皆で料理を作ったり、後片づけをすることもできるが、ここは狭いから共同作業はできない。けれども、一人で料理を作りながら窓の外に広がる草花や木々を見て、『ああ、いい一日だ』と思えるのは最高の幸せだよ」

妻に先立たれたこの教授は、ロンドン郊外のタウンハウスに一人で暮らしています。横長の四畳ほどのキッチンには、十年前に彼が自分で組み立てたパイン材のキッチンユニットが取り付けられて、狭くても素朴な暖かさがありました。

一人になった時、彼は自分の料理を作るために新たな棚をキッチンに作ったそうです。これは料理する時に腰をかがめなくてもいいよう、オーブンを自分の目の高さに設置するための棚です。

これによって一人の料理時間はますます楽しく、快適になりました。コーヒーを淹れ、本を読み、ラジオを聴きながら食事する。これ以上の場所はないそうです。

heavenly kitchen ——
「キッチン楽園」というプレートが飾られた
この狭いキッチンは、書斎と並んで
彼の生活になくてはならないもの

キッチンの窓から見えるエディンバラ独特の建物群が絵画のよう。L字型キッチンも開放感たっぷりに。

朝食で食べるシリアルも箱から器に移すことで、スッキリ長く保存できるとオーナーの男性。

中に何が入っているのかを紙に書いて貼り付け、もの探しの時間を短縮。家政婦さんとも情報共有できます。

イギリスの家には玄関周辺に広がる前庭、フロントガーデンと、隣家との塀によって囲まれた裏庭、バックガーデンがあります。裏庭はいずれも「Usable garden・使うための庭」。地面をデッキや石材で覆い、時にはテーブルに使い古したカバーをかける、実用的なインテリアです。

Usable garden

もっと庭を使うために

猫の額ほどの空間でも、地べたを木や石で固めるだけで俄然庭は使いやすくなります。

イギリスではキッチンで料理を作って庭に運ぶスタイルが優勢です。サンドウィッチから肉料理まで、普段ダイニングルームで食べるのと同じ料理を庭のテーブルに並べて、緑の木立ちを吹き抜ける風や咲きほこる花をながめながら食事をするのです。

こんな風に使うための庭のスペースは、小さな家のダイニングルーム同様、食事をするテーブルと人数分の椅子が並べられれば十分と考えられています。それだけで簡単に屋外の「もう一つの部屋」は出来上がるのです。

イギリス北部の町ニューカッスルで立ち寄った町中に建つタウンハウス（続き長屋）の裏庭は四畳半くらいしかなく、テーブルを置くのがやっとでした。しかも、そこは建物の陰になり日中は陽が当たらないのです。そのためこの庭には芝でなく、歩道に使われるペイビングストーンと呼ばれる敷石を敷きつめていました。そして住人はこんな狭い裏庭を頻繁に使っていたのです。

家族は毎週日曜日の午後には、庭の

雨に強いアルミ素材の大き目ダイニングテーブルに注目。たくさん料理が並べられます。

高齢者1人ぐらしの小さな庭。動かしやすい軽いテーブルセットをメンテナンスフリーのパティオに。

ロンドンの賃貸フラット。起きたら庭に出てコーヒーが飲める羨ましいテラス付き。

テーブルでミートパイやビールを並べ、遅めのランチを食べていました。

「小さいけれど、うちのアウト・ダイニングは完璧だよ」と父親は満足気にこの庭を自慢します。

また、毎年二月〜十月までイギリスでは各地で一般家庭の庭を公開する「オープンガーデン」が開催されます。訪問者にホームメイドのお菓子と紅茶をふるまい、そこで得た収益金を自然保護団体等に寄付するのです。

たとえ小さな庭でも、考え方一つでそれは狭い家を補強するもう一つの部屋になり、そこから心地よい時間が始まるのです。

建物や塀に囲まれた裏庭。プライベート空間だから、友人とのおしゃべりにも花が咲きます。

hidden work space

誰にもじゃまされない居場所作り

デッドスペースは家の余力といわれます。

小さな家こそ隠れたスペースを最大限引き出し、自分の居場所を確保しましょう。

ベッドサイドのクローゼットに小机を置き、壁を立て、出入口からの視線を上手に遮る読書コーナー。

ヨークシャーで1800年代の家にご主人と2人で暮らす60歳の女性。書斎のコーナーに椅子と糸車を置き、深夜まで趣味の編み物ができる空間を確保しました。

どんなに狭い家に住んでいても、誰にも邪魔されない空間は欲しいもの。

長年私たちは、家の中のデッドスペースはまず収納に活用すべきだと考えてきました。柱と柱の間のすき間、階段下のくぼみにはスリムな棚を入れて、家中にあふれたものを片付ける工夫は、インテリア雑誌でも人気の企画となっています。

ところが、収納中心の家づくりは、常に物に占領される住まいを作り出し、住人の心やすらげる場所を消滅させているように思います。

一方、空きスペースを収納に使い果たさないイギリス人にとって、デッドスペースは、dead space（生かされない空間）ではなく、自分の居場所を作り出す貴重な空間でした。そこに電話、FAX、パソコンを置き、プライベートビジネスを始める人もいるほどです。

まず、机が置ける空間を家の中に探し出すこと。どんなに狭いコーナーでも自分専用の机を置き、その周りを囲って見るのが基本です。

キッチンの片隅。窓と柱の間に収まる中古机を30ポンド（4,500円）で購入。心静かに勉強するスペースに。

庭先の倉庫（元木工場）を片付けて、夜まで編み物ができる工房を作った女性。

屋根裏に作った、ゲストルームにもなる書斎は心落ち着く空間です。

カークウォールにある1960年代築の、小さな庭付き3寝室の家です。

小さなコテージの一角をファイリングシステムで区切り、事務コーナーに。キャビネットの左手は洗面所。70代一人暮らしの女性は、ここで領収書の整理など、お金にまつわる事務を片付けていました。

すべて手が届き、
一目で分かる収納は
終《つい》の棲家に欠かせません。

テラスドバンガローは安価で、高齢者が多く暮らす助け合える環境です。

Final Home

終の住まいは管理しやすく、分かりやすく

大切なのは自立して住み続けられること。

イギリスでは、子どもたちは一八歳になると親の家から独立して一人暮らしを始めます。

子どもが三人いる六〇代のイギリス人夫婦と話をした時、二人は「八〇年の人生に対して家族全員が同居するのはわずか一五年だよ」と何度も言いました。

「長い人生を改めて見直してみると、同じ家に家族全員が暮らす期間は一五年前後しかない。子どもが二人以上の場合、一八歳になったら上から順に独立していくから、子どもたちが全員揃って家にいる期間はさらに短くなるんだ」

こう話す二人も住まいのスケールダウンをこれから始めるのだと言いました。

子どもたちが独立した後、大きな一軒家は、掃除の手間やメンテナンスを考えると、夫婦にとっては背負いきれない負担となります。それより掃除も含めて二人でゆっくりと管理できる小さな家に住み替えようと、夫婦は自宅売却の手続きに入りました。

半年後、二人は寝室が二部屋ある庭付きフラットに住み替えたのです。売買で

90歳の女性が使うキッチンは、全て手が届くところにものが置いてありました。室内用スリッパも分かりやすい場所に。

靴も取り出しやすくし、座って履けるように椅子も用意。

シンプルなベッドルームの家具は使い続けたドレッサーのみ。置くものは最小限に。

手元に残った差益三〇〇〇万円は貯金に回し、老後の生活費にあてることにしました。これからのお金は生きている間に使い切ってしまうのです。

イギリス人が中高年になって住まいをスケールダウンしていくのは、最後まで自立して一人で生きていくための資金調達に充てるからです。

老後一人になっても維持できる家のほうが、大きな家に住み続けるよりはるかに無理なく快適です。思い出というしがらみも手放してしまえば身軽になれるからです。

万が一の事態に備えて持っている資産をきちんと整理しておくことと、住まいを前向きにスケールダウンする発想は、自分の人生を自ら管理していく姿勢に他なりません。

エールの醸造所だったコテージ。大きな梁の下に作りつけの本棚を。シンメトリーに飾られた額がバランスよく見える美しい収納法。分かりやすい。

大切な書類も使い慣れたアンティークにまとめて収納します。

鍋類は棚にしまうとかさばるので、吊るして、整理。洗濯物を干す「プーリー」は上げ下げもできて便利。

「山地の通過点」を意味する「hals」が名の由来といわれる北ヨークシャーのホーズ村、高齢者も暮らすコテージ群。

コンパクト収納なら快適に住める

ギャラリーのような画家キャロルさんの寝室。69歳でホーズ村に移り住み、幼い頃に夢に見たコテージが終の住処です。

イギリスを旅すると100年を優に超えて受け継がれる家を多く見かけます。日本でも古民家に残された先人達の知恵を、現代の家づくりに活かす試みが始まっていました。

古民家を再生する

Refurbishing Old Houses.

大沢ヴィレッジに移築された「青のさんち」には、みんなが集える囲炉裏があり、古民家体験ができる。

杉村さんが建てる家は大井川の森の木とパッシブデザインを取り入れたもの。

地元大井川の木を使って、気候風土に合った小さな家を建てる

Local Forest make Comfortable and Cosy Small House.

「小さく豊かな家」でグッドデザインしずおかの文化賞を受賞した「育暮家はいほーむす」の家。

家事動線が短く窓の工夫による通風確保で省エネ効果も得られます。キッチンには、眺めのいい窓も。

「木を良くしていくことで、家を良くしていこう」と杉村さんは、小さな家を作り続けます。

移築のために一つひとつ家の部材をはずすと立派な梁が現れる。

昭和初期に建てられた家は、
もともと解体・移築できるように
建てられていました。
かつての日本の家は
循環できる家だったのです。

足りない部材は、地元産の木材から切り出す。

昭和初期のレンガづくりのかまども移し、使えるように修復する。

かつて家族の笑い声が聞こえた古民家の囲炉裏端。

日本人が培ってきた古民家を現代の家づくりに活かす

Bring the Wisdom of Old House into Modern House.

小さな家を考えるにあたって、選択肢のひとつとして思い浮かぶのが古民家の再生です。つなぐ家づくりに取り組む、建築士の杉村喜美雄さんは、古い住宅を住み継ぐ私の著書、イギリスの住宅考を読まれたことからお付き合いが始まりました。

現在も静岡県で住宅や店舗の設計・施工を手掛ける傍ら、古民家の再生に取り組んでいらっしゃいます。

「家づくりを通して『大切なもの』を残していく。それをお手伝いするのが私たちの使命です」と、日本人が培ってきた生活の知恵が詰まった古民家を、少人数の家族や高齢者でも暮らしやすい家に再生することを提案してきました。

このところ、負担が少なく、必要にして十分なコンパクトサイズの家への関心が高まっています。

「一人、二人暮らしが増える中、良質な小さな家が不足している」と、杉村さん。良質の良い小さな家がますます多くの人に求められるようになりました。

Interview

古民家を前に答えを見出せない人が多い
介護、自立できるのは絶対に小さい家

株式会社 育暮家はいほーむす

㊟ 静岡県藤枝市青南町 2-8-7

☎ 054-636-6611

http://hihomes.co.jp/

杉村 喜美雄さん
1950年生まれ。一級建築士。高校で建築を専攻。地元ゼネコンに勤めた後、1年間英国やヨーロッパを旅する。1985年34歳で（株）ハイホームスを設立。「育暮家（いくぼーや）」は、「家と育ち、家と暮らす」というコンセプト。

古民家再生のブームが一段落した今、小さな古民家に注目しています。理由のひとつは、経済的にも、身体的にも負担が少なく、自分で管理できるメリットがあること。年老いて体が動かなくなり、買い物や通院など、普段の生活が不便になった時、自分の好きな、生活のしやすい場所に、古民家を移築するのです。

元々古民家は容易に移築できるように作られていて、小さい家ほど工事しやすいのです。高齢者は将来のインフラに不安がある場所より病院、スーパーのある町中が断然自立しやすい。このような終の住み家を持つことも、古民家を素材としてとらえれば可能なことです。

さらにもうひとつ、これからは介護の問題も無視できません。超高齢社会を迎え、介護が女性にとってますます大きな負担となっている。誰に看てもらうのかを考えると、大きな2世帯住宅よりも、同じ敷地に小さな家が2軒ある方がいいでしょう。看る人、看てもらう人、それぞれに独立した暮らしがあり、必要な時にお互いがすぐに行き来できる家です。プライバシーが守られ、親族でない他人、たとえばヘルパーさんが住むこともできます。

これなら片方が空き家になっても、転売しやすく、先々解体して菜園にするなど新しい発想も生まれてきます。しかも小さい家の解体は、費用が少なくて済むのです。

介護を念頭において小さな家をつくる場合も、手すりの設置や段差の解消など一般的なバリアフリーは欠かせません。また、脱衣所でのヒートショック防止のために最低室温をキープする、階段をストレッチの場にするなど、高齢者を支える小さな家を考えてゆくことは急務です。

空き家問題が取り沙汰されるほど家は余っている一方、住宅購入における経済リスクは重たすぎる。小さな家と取り組むことは高齢化社会に向けての解決策でもあるのです。

Chapter 4

ロンドン・クリエーターの小さな家

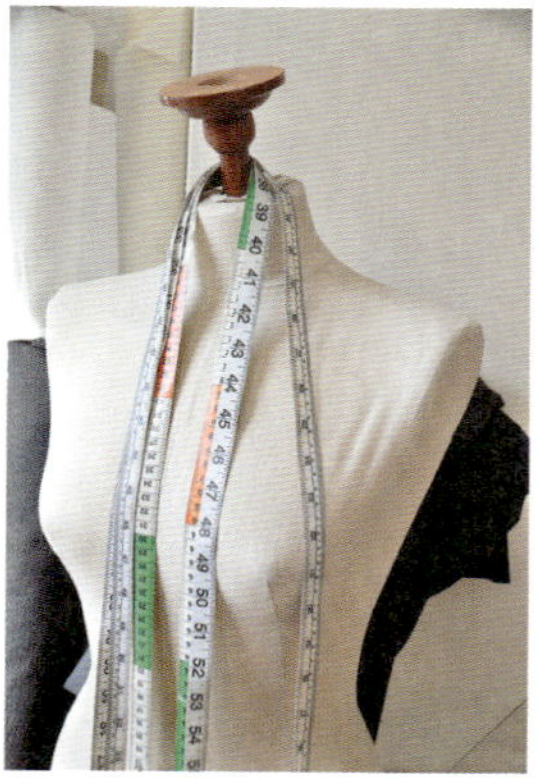

アンティークマーケットで
ブリックタイル、ストーブ、家具と、
特別なものを見つけ出す
独自の美意識。
住宅が高騰するロンドンで
作品を作るように、
プロや専門誌も顔負けの
おしゃれな住まいを作り出す
クリエイターたちの
小さな住まいを訪ねました。

中心部に近く、比較的地価が安いとされるロンドン東部は、
リーズナブルなスペースを求め、多くのアーティストが移り住むトレンディなエリア。
手の届く予算で見つけた小さ目の中古住宅はオリジナリティを残しながら
最小限のリフォームで居心地抜群です。
色、質感、デコレーションにこだわり、
古い家に自分の世界観をあらわすテクニックは見事！
コンパクトながら、ワークスペースもきちんと確保された都会の家は、
彼女たちの自由な生き方を支えていました。

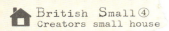

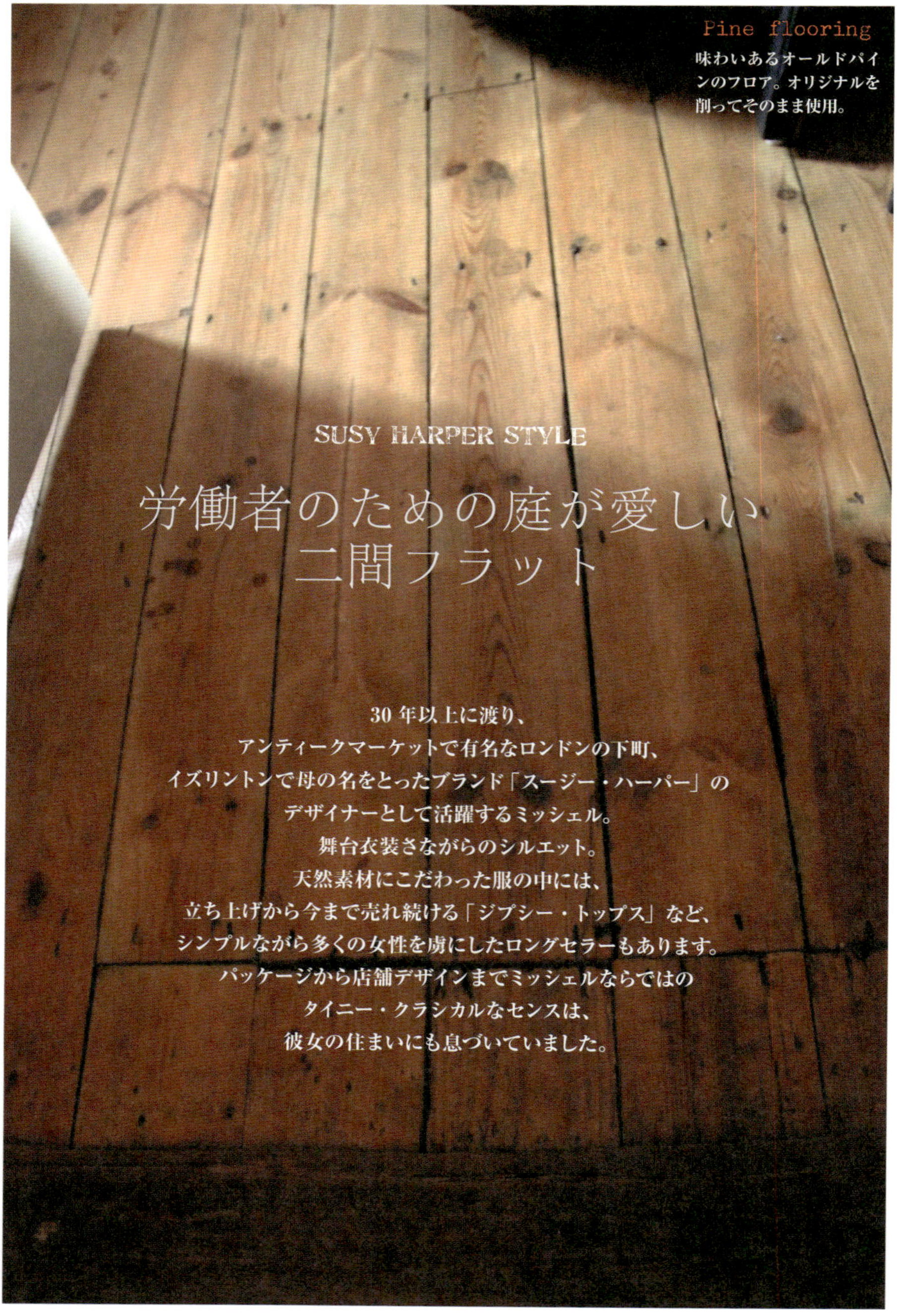

Pine flooring

味わいあるオールドパインのフロア。オリジナルを削ってそのまま使用。

SUSY HARPER STYLE

労働者のための庭が愛しい二間フラット

30年以上に渡り、
アンティークマーケットで有名なロンドンの下町、
イズリントンで母の名をとったブランド「スージー・ハーパー」の
デザイナーとして活躍するミッシェル。
舞台衣装さながらのシルエット。
天然素材にこだわった服の中には、
立ち上げから今まで売れ続ける「ジプシー・トップス」など、
シンプルながら多くの女性を虜にしたロングセラーもあります。
パッケージから店舗デザインまでミッシェルならではの
タイニー・クラシカルなセンスは、
彼女の住まいにも息づいていました。

Kitchen Shelves

あちこちの雑貨店やガレージセールで食器を買い集めるのがミッシェルの楽しみ。シンプルで、白色不揃いの陶磁器をパリへ行った時は必ず購入。「Astier de Villatte」は自分のご褒美に。テキスタイルアーティストで陶磁器作家の「Rose de Borman」も大好き。

Kitchen Area

ミッシェルが暮らすロンドン東部の庭付きフラットは居間と寝室の二間だけ。この家は大きな家を区切ったものでなく、1900年代に労働者向けの住宅プロジェクトの一部として、元々フラットとして設計された珍しい建物だそう。伝統的イギリス住宅の味を残しつつ、クラシカルに見せる腕は見事！
2013年２月に購入後、すぐに建築業者に全面リフォームを依頼。一番のお気に入りの場所は、庭にそのまま出られるキッチン。晴れた日は美しい午後の陽光が注がれる、仕事から食事まで最も長い時間を過ごす約8畳の空間です。

Handcraft

庭のシェッド（物置）で製作したピンクドレス。ドレスの形を切り抜いてステンシルに重ね、そのあとピンクのスプレーを吹きかけました。

Kitchen

食事をとるキッチンは生活の中心とミッシェル。後ろには庭を望むバスルームが。

The Pot

オレンジの鍋はル・クルーゼのもの。煮物などのモロッコ料理を作るのが好きでよく使う。

Bedroom

寝室。大好きな服はパイプハンガーに。1950年代のチェスト（Meredew）は、友達が経営するイズリントンの「ファンタゴ」で購入。小さな空間にミッドセンチュリーはよく似合う。

Sitting Room

暖炉の火ををつけて居間のソファに寝そべって、読書したり映画を観るのが大好き。ほとんどの日は寝る前にここでニュース番組を見るそう。ごろんと横になれるソファも小さ目。

りんごが実る裏庭でゲストをもてなし、改装したシェッド（物置）を仕事場に

Art Lamp

ただの古いランプ。アンティークではないけど、形が好き。

Sewing Patterns

SUSY HARPERの大切な型紙。全てミッシェルが考案したパターン。

Back Garden Shed

大好きな庭には住み始めてすぐに作ったシェッドが。このな小屋は絵を描き、裁断、縫製……とクリエイションの場。ほっとできる天国のようだとか。

SUSY HARPER COLLECTION

このマークⒺのお品物取扱店についてはP109をご覧下さい。

Bird & Blossom
コットン100%
38,448円(税込)

Silk Slip
シルク100%
35,532円(税込)

Dr. Flare
コットン100%
29,700円(税込)

Gypsy Top
コットン100%
17,172円(税込)

QUEENIE & TED STYLE

家も服もアップサイクル！

不要品に付加価値をつけて楽しむアップサイクルはヨーロッパ各国で広く受け入れられ、人気上昇中。

リメイクの旗手、「クイニー＆テッド」のデザイナー、カリーもまた、ロンドン東部の長屋、
テラスドハウスをビビッドな色と、大胆な壁紙でリメイク。

コロンビアロードの店舗を閉じて、庭に続くリビングを開放感いっぱいのアトリエ兼ショールームに。

無駄なコストを省き、小さな家ですべて完結できるようしています。

Extended Living Room

いびつな天然木の床が印象的なリビング。カリーが縫った使い込まれたソファカバー。家族ぐるみで付き合いのある父の友人をアーティストの息子、ジャックが描いた絵がベストマッチ。

Partners

カリー(左)とリンダ(右)はアップサイクルのファッションデザイナー。二人は息子たちを通じ15年前に出会い『Queenie&Ted』というブランドを設立。大量生産で破棄される服、デッドストックなどをリメイクしています。

Sitting Room

以前はオフィスとして使っていたスペース。暖炉の上の色鮮やかなアートは祖母からのテーブルクロスでカリーが創作。

Dining Room

デスクライトがあるテーブルは、食事を用意する場所として使用。現在は時々家族が食事する場に。

Living Room Work Area

18年前に引っ越してきて、壁を大好きな若草色にするなどのリノベーションを何度か重ねて現在のスタイルに。カリーの古いミシンは服づくりに欠かせない。普段はヴィンテージな小道具に変身。

Handcraft

赤い服を割いて壁のアクセントに。
ジャムをイメージしてリンダが作成。

Kitchen Wall

家の中心にあるキッチン。壁に旅行で訪れたコスタリカの花と植物をカリーが描き、雨が降り続くロンドン特有の閉塞感を解消。

Terraced House

ウォルサムストウのリンダの自宅前にて。

QUEENIE & TED COLLECTION

このマークEのお品物取扱店についてはP109をご覧下さい。

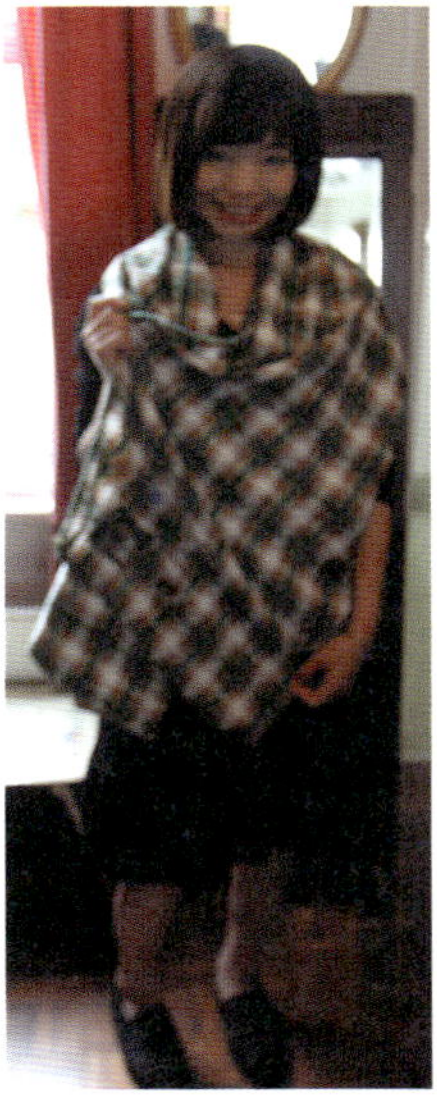

ジャケットにアップリケをあしらった2人の真骨頂。アップリサイクルジャケット。（参考商品）

明るいドット柄やデニムの生地で作った「新・イースト・エンダー・ドレス」13,800円(税込)。

新作のショールにもアップリケが。過去にミラノコレクションとレディガガに挟まれてガーディアン誌に掲載された世界中から注目される作品ばかり。

ロンドン・ハムステッド、Willow Road沿いにある「2 Willow Road」。現在はナショナル・トラストにより、保護すべき歴史的建造物として管理されています。

ロンドン　モダン建築に魅せられて

Fascinated by British Mid-Century Modern Design.

ミッドセンチュリーデザインのコンセプトを活かしたイエローチェア・ハウスの「ハムステッド 2 Willow Rd.」。

直線的なデザインが特長の「ハムステッド 2 Willow Rd.」の外観

壁面は、煉瓦タイルを用い、イギリス住宅を視察した左官職人が煉瓦壁の味わいを再現。

国産材「八溝杉」を使ったフローリングとミッド・センチュリーの代表的な造作のひとつである螺旋階段。

ブリティッシュ・モダンへの憧憬《しょうけい》
国産材と日本人の技で形にする

Localization of British Modern Design to Japanese House.

欧米の古き良き窓辺の風景を思い起こさせてくれる手作りのアイアン・ウィンドウ。

吹き抜けが開放感のある空間を演出。

四角い空間をつくることで、
部屋を隅から隅まで使うことができます。
大きな壁面があれば、好きな家具を自由に置ける
ブリティッシュ・モダンの特長です。

「2 Willow Road」のあるハムステッドは、ロンドン郊外の緑溢れる閑静な住宅街。

エルノ・ゴールドフィンガーは、ブダペスト生まれの建築家。ブリティッシュ・モダンの重鎮として活躍。

ゴールドフィンガー自身がデザインした家具は建物以上に美しかった。

温かみのあるキッチンの木製カウンターと、奥には自由に棚をアレンジできる壁面いっぱいのフリーシェルフ。（ハムステッド 2 Willow Rd.より）

イギリスの小さな家といえばマーガレット・ハウエルの海辺の家が思い浮かびます。角張ったシンプル・モダンな住宅。北欧家具も似合う戦後の英国住宅こそ、阿部よしあきさんの手がける家です。阿部さんは私のイギリスツアーに何度も参加され、様々な家を見学。その中で阿部さんが魅せられたのが、ハウエルの家を彷彿させるミッドセンチュリーデザインです。一九四〇年代から六〇年代にアメリカを中心として生まれたインダストリアルデザインの潮流で、ブリティッシュ・モダンとも呼ばれるもの。公表的な建物が、ハムステッドにある英国人建築家、エルノ・ゴールドフィンガーの元自宅です。その住所から"2 Willow Road"と呼ばれています。

正面の開放的で大きな窓、直線的で機能的なデザインが特長で、室内に入ると、バリアフリーの内装に、ゴールドフィンガー自身がデザインした家具が置かれ、窓は椅子に腰掛けてハムステッドヒースが見えるように、わざと低く作って．その合理性こそ、阿部さんが求める小さな家でした。

Interview

イギリスの家と
コンパクトスタイルへの
想いが結実した家

阿部 よしあきさん
井形慶子さんの本と出会ったことがきっかけで、イギリスの建築に情熱を傾けるようになる。日本の職人の手仕事と国産材にこだわり、イギリスのライフスタイルと建築の知恵を取り入れた、家族が幸せに暮らせる家を手がけている。

イエローチェア・ハウス
株式会社　住建
㊟ 茨城県東茨城郡茨城町常井 1204-1
☎ 029-292-0051
http://www.yellowchairhouse.jp

「ハムステッド 2 Willow Rd.」の構想を練り始めたのは、二〇一四年のこと。ブリティッシュ・モダンのコンパクトでシンプルな家を作ろう。箱のように空間を活かした、使い勝手がよく、安心・安全、快適に楽しく暮らせる家。しかも価格を抑えるのだと決めて、試行錯誤が始まりました。

かつてミッドセンチュリーデザインの家が生まれた背景には、中世の貴族的な、贅を尽くし力を誇示するような家づくりから、庶民が暮らしやすい、コンパクトで機能的、しかもデザイン的に優れ、庶民にも手の届く価格の家が求められたからだと言われています。

そのコンセプトを取り入れた「ハムステッド 2 Willow Rd.（トゥー・ウィロー・ロード）」は、コンパクトながらスタイリッシュな家です。直線的でシンプルな構造から生まれるプレーンな空間は、動線の確保や家具の配置を考えるのにも、融通の効く、大変使い勝手のよい家となっています。

しかも、このような箱形の家の良さは、建設コストを下げることができるのです。これまで手がけたイギリス・カントリー・スタイルの家の場合、通常二五〇〇万円から三五〇〇万円程かかりますが、部材をパッケージ化することでムダな経費もかからず、一八〇〇万円から建てることができます。資材や部材の質も落としません。新工法による画期的な耐震強度や、各所に高性能断熱材を採用した高い省エネルギー性能も実現。長期優良住宅として、長く快適に住めて、資産価値の目減りも抑えられる理想的な家です。内装に木製の螺旋階段や、自由に棚をアレンジできる壁面いっぱいのフリーシェルフ、レトロ感を演出する鉄製の窓枠まで込みです。

妥協したくない。英国のミッド・センチュリーは、合理的で美しい。時代が求める住まいのカタチだから。

Chapter 5

イギリスの住宅選びはリフォームが前提

どんな家も心地良い家族の家に変わる！

看護師のアンジェラが平日はロンドン在住の夫と、成人した息子と暮らす1897年築のエドワーディアン・テラスハウス。24年前にチェルトナムに購入したこの家では、ロフト、地下室をゲストルーム、書斎に改装。リフォーム費用約500万円で、廃屋住宅を家族の家に作り上げました。

家族のカタチは十人十色。
既製の住宅がしっくりこないのは当然です。
家は買ったまま住んではいけない——
中古大国イギリスでは、引っ越したままの家は他人の家だと、
手をかけて、自分仕様に少しずつ変えていきます。
日本の「4人家族」を前提とした画一的な家も
小さなテーブルや一個いくらもしないフックを使えば、
部屋の役割も広がり、いろんな目的で使いこなせるはずです。

購入当初、キッチンは3つの小部屋と外付けトイレにはさまれ悲惨だったとか！ 床下を掘って水道管を通し、L字型シンクを設置。1年以上の工事でファミリールームを兼ねたキッチン誕生！

親の寝室前に椅子を置き、必ず見てもらいたい書類の置場に。

チェルトナムカレッジの南側にあり、中心街まで徒歩圏内という立地。質の高い学校が至近というのも物件購入の決め手になりました。

フレンチスタイルのインテリアを目指し、30ポンド(4,500円)のシェードランプを購入。キッチンの見せ場です。

昔王族が取水しに訪れたという古いチェルトナムスパの湯治場の写真を雑誌から切り抜き、木箱に雑誌を重ねて読書コーナーを作りました。

ファームハウステーブルがあるキッチンは居間より家族が集まるアンジェラ渇望の場所。ゲストの数に応じて家具を自由に動かしています。

チェルトナムの共働きカップルが暮らす
エドワーディアン・テラスハウス
ライラックの花咲く庭、
一年がかりのリノベーション、
家族の成長を見守った家

料理と人を楽しませることが大好きなアンジェラ。キッチンと庭を行き来しつつ、のびのび料理を楽しみます。

アンティークショップで500ポンド（75,000円）で購入したウェルシュドレッサー。キッチンと同じトーンでまとまり感を。

チェルトナムのアンティークショップで購入した引き出し。良いものを1点だけの贅沢。

階段のコーナーではワイヤーバスケットを使い、置き場に困った雑誌をまとめて入れます。

アンジェラとニールの主寝室。天然木でリフォームされた床。クローゼットの中には靴も収納しています。

家族の家こそ「買う」でなく「作る」

広さ、間取り、思いのまま

イギリス人は結婚したら、バーゲン価格で廃屋同様の中古住宅を購入し、時にはキャラバンで生活しつつ、家族団結のリノベーションでファミリーホームを作り上げます。チェルトナムに暮らすアンジェラ一家も戸外にトイレのある廃屋住宅の床下を掘り起こし、すべての部屋の壁を壊して、大きなキッチンや広い寝室のある理想の家を手に入れました。農家で使われていた大きなテーブルを皆が囲むキッチンは、間違いなく「ハート・オブ・ハウス」。工事に一年なんて序の口。イギリス人は何年もかけて家族の家を作るのです。

節約型の例もあります。私が訪れたロンドンの狭いフラットでは親子三人が暮らしていました。壁を取り壊し、ひと続きにしたリビング・ダイニングにソファなどの家具を入れた部屋は、はたから見ても狭いのですが、賢く家具を使い快適に暮らしていました。

二ヵ所に置かれた、同じ高さの正方形の小さなテーブルを家族三人で食事をする時は一つだけ使い、ゲストが来たら、もう一つのテーブルをくっつけて広いテー

ロイドルームの藤の椅子とコーナーチェストを置くことでバスルームも個室のよう。椅子は足元を乾燥させたい時に便利です。

水球のイギリス代表チームの一員である長男ジャックの部屋も基本は机とベッドのみ。

ブルとして使うのです。並べた二つのテーブルの上からクロスをかけると、正式なディナーにも対応できる大きな六人掛けテーブルが出来上がります。食事が終わると再びテーブルは別々に。一つは食事用、もう一つはノートパソコンでインターネットを見たり、子どもが勉強する時に使用したり。

こうして、リビング・ダイニングは立派な食堂となり、勉強部屋にもなります。小さくて軽い、好きな場所に持ち運べるテーブルは実に便利。こんな家具の使い方こそ、小さなファミリーホームにぴったりのアイディアです。

鉢をはみ出してのびない植物（Box hedging）とジギタリスの鉢。アイビーを壁に這わせて。

家族で初めてリフォームした家。日本にも広く伝えられたイギリスの「シンプル・イズ・ベスト」——素朴がいちばんという考えは、時と共に変化する。ファミリーホームの原点です。

狭い庭を広く見せるウォールガーデン。手前にボックスヘジングとゼラニウム、後側にサクラとライラックの木。へいの高さまで成長し、狭い庭が広々と見えます。

ある家では、小さな子ども部屋の壁にフックをたくさん付けていました。クローゼットのないこの部屋でハンガーに服をかけて下げるためです。「こうすれば、今日は何を着るか、子ども自身が壁にズラリと下がった服をながめて選ぶことができるでしょ」と、若い母親は、このアイディアにとても満足していました。

誰かが泊まる時には子ども部屋をゲストルームにするこの家では、ゲストも壁のハンガーに自分の服をかけることができるのです。こうすることで洋服ダンスに占領されることなく、広々と使えます。

色んなファミリーホームをイギリスで見るにつれ、日本のファミリータイプマンションの画一的な間取りが気になりました。調べてみると、日本では長年、夫婦と子ども二人という四人家族がマンション業者の前提となっていました。少子化、非婚化が進む現代にはそぐわない気もしますが、変わることはないのです。家族構成、年齢、学校や勤務地など家庭事情はさまざま。家具の使い方から間取りま

オークションハウスでは
家庭から出た粗大ゴミを
地域の人たちが皆で
ガヤガヤ競り落としていました。
これも安価で
ファミリーホームを作るヒケツです。

で、積極的に手を加え家族の家を作ることは、終わりのない楽しみです。

「どんな家も心地良い家族の家にする」イギリスのアイディア

①昔と違って現代の住宅は暖房が行き届き、たとえ冬でも暖かい。階段、廊下、玄関など居室以外のスペースを全て使い切ること。

②ベッドをやめて布団に変えれば、小さな部屋は家具に占領されない。たたんでしまえる布団は小さな家に住むイギリス人にも人気の寝具。

③キッチンは調理場にあらず。勉強や仕事とマルチに使えるオープンスペースです。

④寝室を寝るだけの場と割り切って、納戸、押し入れなど狭小スペースを子ども部屋の代替えに。

家族が集まりたくなる雰囲気作り

Creating & Atmosphere

House ＝建物、Home ＝居心地良い場所と、同じ家でも２つの意味合いは大きく違います。
高齢化社会となり、家で過ごす時間が長くなった昨今、
ミニマリストと逆行するイギリス流家族が自然に集まってくる部屋を考えます。

ハウス（House）

閑散としたミニマリストの部屋。ソファ・テレビがあるものの、パーソナルアイテムがないホテルのような部屋は、スッキリというより、人を拒む寒々しい印象です。

ホーム（Home）

絵画、写真を壁にかけ、食器をキャビネットに飾る。すべて違うデザインのソファを並べるだけで、ぐっと親密な雰囲気に。

暖炉の前に敷かれた暖色系ラグ、くたびれたソファは、ビロードのシートでくるみ、座り心地満点。布、敷物で暖かい空間を生み出します。

ずっといたい部屋に必要なものは何でしょうか。
ロンドンのわが家から見えるスーパースタイリッシュな邸宅は、
CM撮影に出てくるようなだだっ広い大理石のフロアに、
オブジェのように飾られたモダンな椅子が。けれど座り心地も悪そうです。
そうか。インテリアにこだわることと、
くつろぎ感はイコールでないのかもしれない。
古い椅子、絵、棚に並ぶ本は、
時に処分したくなるけれど、人が長居したくなる
Atmosphere（雰囲気）をかもし出す最高の小道具。
使い慣れたものには、
人をくつろがせる作用があるのです。

床に置かれた絵、スツールなど、
たくさんのものが溢れた部屋。
捨てるより、埋め尽くす感覚で、
この家の居間はもっとホーム
リーな空間になるはずです。

ベイウインドウから公園の眺めを楽しむためのウインドウシート。ソファを置かず、並んで座っておしゃべりするなごみの空間を作り出した例。またリビング以上に家族が集うキッチンも暖色系壁紙、手作りラグなどで、子供が夜ふかしする心地良さです。

ファームコテージの古い暖炉を囲むように並べたウィングチェア。梁にコッパーポットを吊した伝統的な居間では、皆が炎を眺めつつ、語り明かします。

ずっと家族と一緒にいたい

Gathering

大人はもちろん、子どもまでがゲストを迎え
心おきなくお喋りする場が家にあれば、
人生はもっと豊かになります。

三〇坪以下の小さな家を数多く手がける建築家と話した時、彼は日本のリビング幻想はとっくに崩壊していると言いました
「子ども部屋にパソコンやテレビが入り、夫婦の寝室にもテレビやDVDが設置されると、家族は早く一人になりたくて、リビングから早々に自分の部屋や寝室に消えていく」

こんな家の空洞化現象は、日本の家族関係の縮図なのかと思います。

長年、児童相談に取り組むカウンセラーが多くの家庭を訪問しながら、以前からとても気になることがあると言っていました。それは家族団欒の象徴であるはずのリビングに物が散乱して、訪ねていっても腰かける場所のない家が増えているというのです。
「ソファの上には雑誌から脱いだ服までが放置されている。テーブルも新聞や郵便物が積み上げられ、お茶も置けない。こんなリビングに通されると、まずどこに腰かけるべきか、僕は自分の座る場所を探すんだ」

彼の話を裏付けるエピソードを思い出しました。

ヤングミセスをメイン読者に持つ女性誌で、ソファの使い方についてアンケートをとったところ、「座ってくつろぐ」と答えた人より「取り込んだ洗濯物を置く場所」という回答が圧倒的に多かったというのです。

このアンケートが意味するものは何なのでしょうか。

人のいないリビングは、家族の生活道具が放置されているか、人が立ち入った形跡もないほどきちんと片づいているか、どちらかです。こんなありようは、リビングは人と出会う場所と考えるイギリスとはまったく違っていました。

イギリスでは、テーブルを囲んで食事をした後、人々はコーヒーや食後酒を手に、リビングに移動します。たとえそこが小さなキッチンでもきちんとテーブルに着席し、美味しいものを食べた後は、寝るまでの大半をリビングでテレビなどを観て過ごすのです。食事中とうってかわってロッキングチェアを揺らしたり、ソファに寝そべったりしながら、めいめいが好きなことをする場がリビングなのです。子どもにとっても寝室は寝る場所で、くつろぐスペースではないのです。

リーズの小さなタウンハウスに暮らす四〇代の夫婦に夕食に招かれた時、大学に入ったばかりの長女と、年の離れた八歳の次女がこの地域の歴史講義をうなずきながら聞いていました。

こんな話を、小学校低学年の少女がレゴを組み立てながら黙って聞いている様子に、ひどく退屈だろうと思いました。

ところが、少女は人数分の紅茶を入れたマグカップをトレイに乗せて再びリビングに戻ってきました。

少女は「熱いから気をつけて」とマグを手渡し、再びソファに座るとレゴをいじりながら、時々、話に熱中する私たちの顔を見ているのでした。

この家のリビングもわずか八畳ほどでした。四人家族に私というゲストが加わると部屋はちょうどいい広さになり、所狭しと並べられたソファやコーヒーテーブルは、こたつのあった昭和住宅のお茶の間の雰囲気をかもし出していました。少女は「話はおもしろくないけど、私はここにいたいの」と答えました。

少しずつ、詰めて座って自分が落ち着く場所を見つける。狭いながらも家族の心遣いを記憶にとどめる、忘れられないリビングです。

屋上を上手に使うと、
小さな家でも快適に過ごせる。
バックガーデンを上手に使う
イギリス人のように。

空にのびる家族の家

Plus Family Space on the Roof

市民交流の場「こみせサロン 松の湯」として再生した「旧松の湯」。青森県黒石市。

間接照明でラグジャリーなシアターもできます。

木造戸建住宅で手に入るところが嬉しい、贅沢な屋上空間。

小さな家でも開放的な屋上があれば、家はもっと楽しくなります。

イギリス人の家づくりの知恵を地方の町づくりに活かす

Utilize British Knowledge and Experience on Making House to Local Community Development in Japan.

イギリスの家づくりに魅せられた建築家がもう一人います。以前、私と一緒にコッツウォルズ地方の家々を巡ったこともある筧（かけひ）正明さんです。目指したのは、古くても、訪れた旅人を温かくもてなすイギリスのB&B。古い家をリフォームしながら大事に住み継ぎ、町全体の調和を考えるイギリス人の精神に深く感銘を受けたのです。その精神を日本で活かす活動を筧さんは行っています。

地元の青森県黒石市で閉鎖されていた銭湯を町の「交流館」として再生させ、周辺の商店街を含め、町全体を活性化させるまちづくりプロジェクトを牽引しているのもその一例です。

また筧さんは、イギリスのイングリッシュガーデンを原点とする、屋上庭園のある家を提案しています。小さくても上質で快適な住まいを。そのひとつの答えが「屋上庭園のある家」です。都会の狭小地でも自然が取り込めてみんなで素敵な時間を共有することができるのです。

生活しやすい町中に居心地の良い家を建てる駅前の小さな家なら歳をとっても好きな所へ行ける

中町こみせ通りに再生した「松の湯交流館」

イギリスのB&Bにヒントを得た「かわいい家」

黒石駅前のこの土地に「小さな家の分譲」を打ち出しています。

弘南鉄道弘南線の電車は30年前に東京を走っていました。

もう一つ、筧さんの家づくりのコンセプトは、誰でも家賃並みの返済で無理なく購入できる住み心地の良い家を作ること。コンパクトながら土地付きで、一年を通して快適に暮らすことができる家。しかもデザイン性に優れた家。

実際、筧さんの愛する地元、青森県黒石市では、駅前の一等地に一八坪、約六〇㎡の一戸建てを、一〇〇〇万円代前半の予算で建てることができます。その上、イギリス住宅の裏庭のように、自由に使える屋上まで付けることができるのです。近くにはスーパーや病院があり、自動車を使わなくてもいい駅前は高齢者に最適。

また、民家をリフォームしたイギリスのB&Bからヒントを得たイギリス風の「かわいい家」は、三角屋根のコテージをイメージしたコンパクト住宅。これも一〇〇〇万円で建てられ大変好評とか。まだ子どものいない若い夫婦や高齢者に最適な、小さいながらも長く住み続けることができる現実的な住まいです。

Interview

古いものを活かす町づくり
地方再生は、居心地の良い空間づくりから

筧 正明さん
一級建築士。イギリスの家づくり・町づくりに魅せられ、そのコンセプトやテイストを取り入れ、低価格で実現した「かわいい家」や、イングリッシュガーデンの趣を楽しむことができる「屋上庭園の家」は好評を博している。

みらいホーム
㊟ 青森県黒石市吉乃町 88
☎ 0172-59-1234
http://miraihome.jp

私の家づくりには、イギリスの家とその精神が参考になっています。

かつてコッツウォルズで趣きある家を見て歩いた時に、スクラップ・アンド・ビルドで、街全体が新築住宅のようになってしまう日本とは逆に、古いけれど良いもの、狭いけれど居心地の良い空間を大事にしながら残していく、その思想に感心しました。

美しいものが自然に街にあり、その敷居が低いことがイギリスと日本の違いではないでしょうか。

私は一般社団法人青森県建築士会まちづくり委員会の委員長を務めて、空洞化する地方の町再生のために住宅で町づくりをしたいと考えます。

黒石駅前の家もその一例です。駅前という一等地に同じデザインの家を四～五棟建てます。やはり景観も町づくりの大事な要素ですから、調和のとれた街並みを作っていきたいのです。

また小さな店が多い黒石には、それを活かして京都の町屋が立ち並ぶようなどこか懐かしい家並みを作りたい。松の湯を再生させたように、現在空き家になっている建物を、例えばイギリスのB&Bのような宿にリフォームして、日本人だけでなく外国人の観光客を招くとか。

電車で三〇分で弘前に出られる黒石は、交通の便も悪くないから、独り暮らしの高齢者にも暮らしやすいと思います。新しい家づくりで少しでも人口を増やし、町を活性化させることができればと思っています。

今、黒石駅を通る弘南鉄道弘南線を走る電車は、三〇年前に東京を走っていた車両です。古くても良いものを引き継いでいく。価値のあるものを大切に使っていく。イギリスの人たちのように古いものを活かしながら、知恵と技術で、みんなが快適に生活できる、居心地の良い空間・町を作っていくことが大切ではないかと思っています。

Chapter 6

小さな家を活かして必要なお金を稼ぐ工夫

日本人はイギリス人ほど自宅の空き部屋を活用してないといわれます。小さな家でも『国際化』『旅行』をキーワードにすると、想像できないほどの可能性が生まれるのです。

増築し余分になったスペースをホームステイの受け入れとして活用する夫婦。

相続で得た小さな家で自由な旅人からB&B経営者に転身。

British Small⑥
Earning Income

民宿は看板もさり気なく。

ポテトとルバーブ、パースニップにネギを育てる菜園がある小さなごちそう庭。ガーデニングの趣味も兼ねて。

人生で思わぬ苦境に立たされた時、
親が暮らす地方の家の相続が発生した時、
イギリスの人々は小さな家をもとに生活を建て直します。
家を空いたまま放置するのはナンセンス。
建物は痛むし、空気の入れ替えなど手間もかかります。
空き部屋を貸して収入を得る
ベッドシット（下宿）、民泊など
イギリス人にとって家を回転させるのは常識。
彼らは家をもとに人生を拓いていくのです。

自宅の敷地内に建てた2部屋のプレハブを学生に賃貸。（ロンドン郊外）

住居＋家庭料理の提供で彼女のB&Bは人気上昇。

日系ホームステイ斡旋会社を通して日本人の学生を受け入れることで家計も潤います。

チェルトナム在住、3人の息子を育て上げた女性は、2年間料理学校で学んだ腕を生かしセルフケータリングを自宅で開始。手作りパブローバなど、料理の腕を上げホームステイも始めました。

ホームステイで空き部屋が3億円？

子どもたちが巣立った部屋で、生活のピンチを乗り切る

ロンドンから電車で二時間、海辺の町、ボーンマスに建つセミデタッチドハウス（一棟二軒住宅）に夫と娘と三人で暮らす女性は、コンパクトな寝室三部屋のこの家で、家族と幸せな生活を送っていました。

ところが、ある日夫が交通事故に遭い片脚を切断したことで、それまでの生活は一変、新たな収入の途を模索しなければならなくなったのです。

病弱な幼い一人娘の面倒をみながら、働きに出ることもできず、生活は破綻寸前。

この時、彼女が思いついたのは、自宅の一部屋を語学留学生に貸すホームステイでした。海辺のリゾートタウンとして人気の高いこの町には、世界中から語学留学生が集まってきます。そこに目を向け、自宅の部屋を提供したいと地元の語学学校に申し出てみたのです。

その数日後、彼女は学校から夏休みのホームステイを希望する日本人の高校生を斡旋されました。部屋代として受けとる報酬は、学生に朝晩の食事を提供して

夫が自ら建てたシェッドに工具や機材など収納。少しずつDIYで家づくりをすすめています。

清潔で自由に使えるバスルームは女学生に人気。

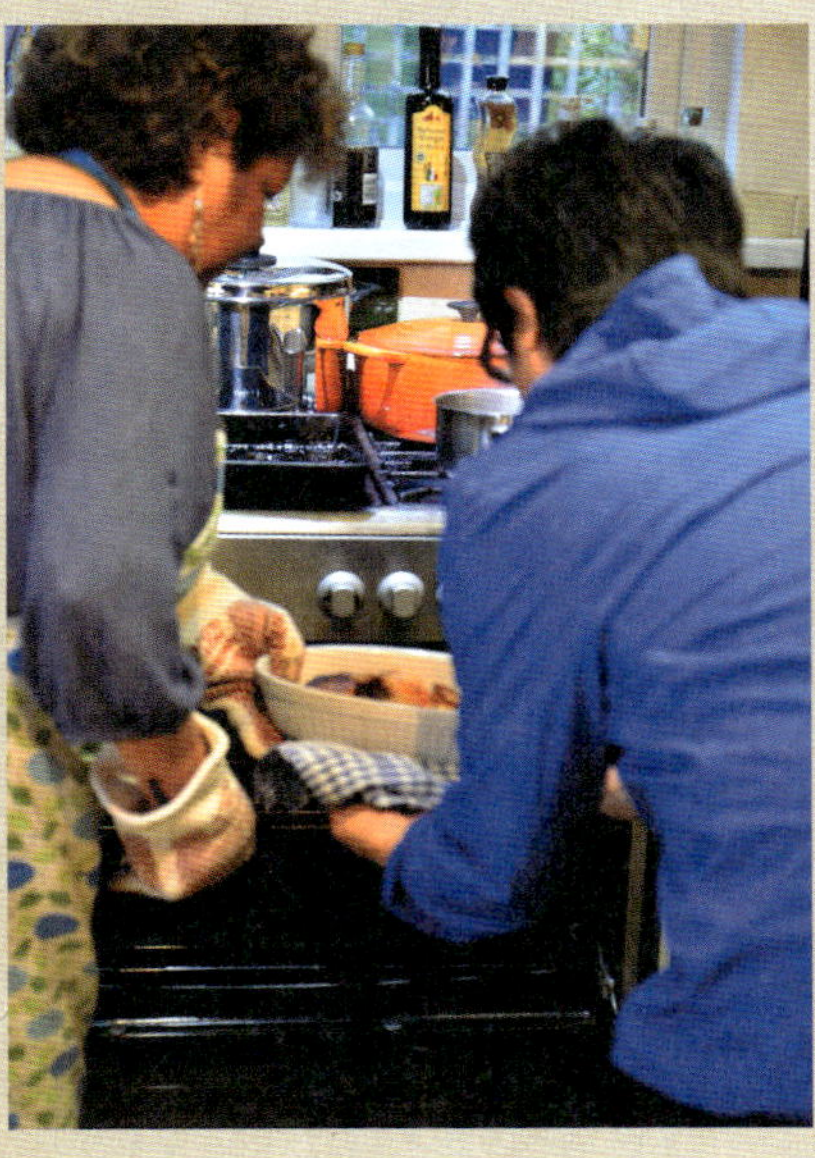

ホームステイは家庭体験ができるのが魅力。夕食準備を手伝い料理も学べると人気上々。

夕食は大皿料理。シェアをすることで会話が生まれ、食べ残しを減らします。

一週間で約三万円ということでした。彼女は空き部屋を提供するだけで、月にすると約一二万円もの収入が入ることに大変、驚きました。

やってきた日本の高校生は、イギリス人の家庭に最初はびくびくしていましたが、歓待の気持を込めたウェルカムケーキを焼いてあげると、安心したのか少しずつカタコトの英語を話し始め、打ち解けてきました。

一家にとっても日本人との接触は初めてでしたが、「子どもはイギリス人も日本人も同じ」と細かいことを気にせず、普段通りの暮らしを続けたことが、功を奏しました。

一週間たってこの高校生を斡旋した学校から、もう一名日本人を受け入れてもらえないかと相談がきたのです。

一家はこの申し出を前向きに受け入れようと話し合い、娘の寝室を空けて新たに学生を受け入れることにしました。

問題は小さな家ゆえに、部屋を明け渡した後、娘の部屋が確保できません。家中の壁や天井をチェックしたとこ

1990年に結婚後、このカントリーバーンハウスをマイホームとして購入。息子たちのために増築した部屋と大きなダイニングテーブルは、ホームステイの学生たちによって再び活用されていました。

ろ、バスルームの天井がとても高いことに気づき、友達の協力のもと、一週間で娘の寝室をバスルームの上に作ったのです。梯子で上れる小さな寝室は、浴室の蒸気で冬も暖かく、病弱な娘にとっては、うってつけでした。

ホームステイの良いところは、家に滞在する学生たちが、一ヵ月単位で入れ替わること。つまり誰かが退室しても翌週には新たな学生が入ってくることです。

その結果、稼働率は夏休みで九〇％以上。B&B（民宿）でも、七〇％の稼働率を稼ぎ出すのは至難のワザなのに、これは凄いことだと。夫婦は空き部屋の可能性に目を見張りました。

日本の大手旅行会社と語学学校の提携で、その後も日本人の学生が次々と滞在するようになり、彼女は空部屋を利用したホームステイの需要を実感。自ら知り合いの家庭を訪ね歩きました。

こうして良識ある真面目な受け入れ家庭「ホストファミリー」を開拓し、ネットワークを広げていったのです。

たった一人の学生を受け入れたことか

イギリスでホリデーフラットは滞在型の旅行に人気。使わない時に収入が入る、手放す必要もなし。

週単位で一軒丸ごと借りられるホリデーフラットに活用されるコテージ。

ヨークシャーデイルズの周辺の町では、夏場は観光客が絶えません。

隣り町に住む女性が週末別荘として購入したコテージへの引き合いは後を絶たず、売却は見合せ中。

あるコテージには「売ります。またはお貸しします」の貼り紙が。オーナーが自ら管理します。

ら、一家の生活は大きく変貌しました。そしてそんな彼女のもとに、日本の大手旅行会社から、正式に代理店契約を結びたいという申し出がきたのです。

これには夫も大変驚きました。小さな自宅の一部屋からこんなチャンスが生まれるとは思ってもみなかったからです。彼女はリビングの一角に作った作業机を事務所にして会社を設立。

その後、ホームステイをしたいという日本人は順調に増え続け、最初に日本人高校生を受け入れた時から五年経った頃、三〇〇〇件以上の受け入れ家庭を統括する彼女の会社は、年間三億円の収益を稼ぎ出すまでになったのです。

空いた部屋を物置きにするより収入の途を拓く。来日する外国人も増加する中、空き部屋を旅行者に貸して収入を得る「AIRBNB」など不動産がらみの不労所得も注目されています。小さな家をもとに、収入を得ることは生活を潤す習慣なのです。

マシューはスコットランドで生まれ、生後6ヶ月でケトルウェルに。以来23歳までこの村で住んでいました。家を相続した後、姉と相談して改装をし2015年からLychgate HouseというB&Bを開始。宿泊は朝夕食付で65ポンド(9,750円)～、夕食も10ポンド(1,500円)で提供して収入源としています。

相続した親の家を小さな宿に

家族の歴史を留める家を受け継ぐ独身青年のUターン

親が残した地方の家が負の遺産といわれ、家財道具の遺品整理に頭を悩ませる人も増える昨今。イタリア、韓国など海外生活歴一五年のマシューは、故郷に残された両親の家を生かして、新たな人生を歩み始めました。祖父母や両親が集めたアンティークを飾り、使い継がれた家具を宿泊客にも使ってもらう。建てられてまだ三〇年というこの家は、イギリスではかなり新しい部類に入るモダンな建物。古い家よりドアなど開口部が大きく、出入りしやすいメリットも。

何よりこの小さな家に暮らすことで、お金持ち、農家、教師とさまざまな地元の人たちとつながれ、安心だとか。

三〇代、独身のマシューは現在一人暮らし。教会の隣に建つこの家について、「家族が教会のお墓に眠っているので心が落ち着く」と言います。鐘の音を聞き、時間を確かめる習慣。掃除やベッドメイキングを手早くすませて家の裏の森を五～六時間かけて歩く。丘の上でお手製のサンドウィッチを頬ばると、子どもの頃の幸せな時間が蘇るそうです。

家具を買う時、家を修理する時
傍らで父が教えてくれた
古き良き習慣をとどめる家。

ゲスト用の寝室にある母方の祖父から譲り受けたベッドと鏡台。約100年前のもの。

祖父が結婚を機に戦後まとめて買ったステインオークの家具。どれも100年以上前のものばかりで、小さな部屋に強い存在感を示します。

亡くなった父と一緒に作った思い出の壁の棚。

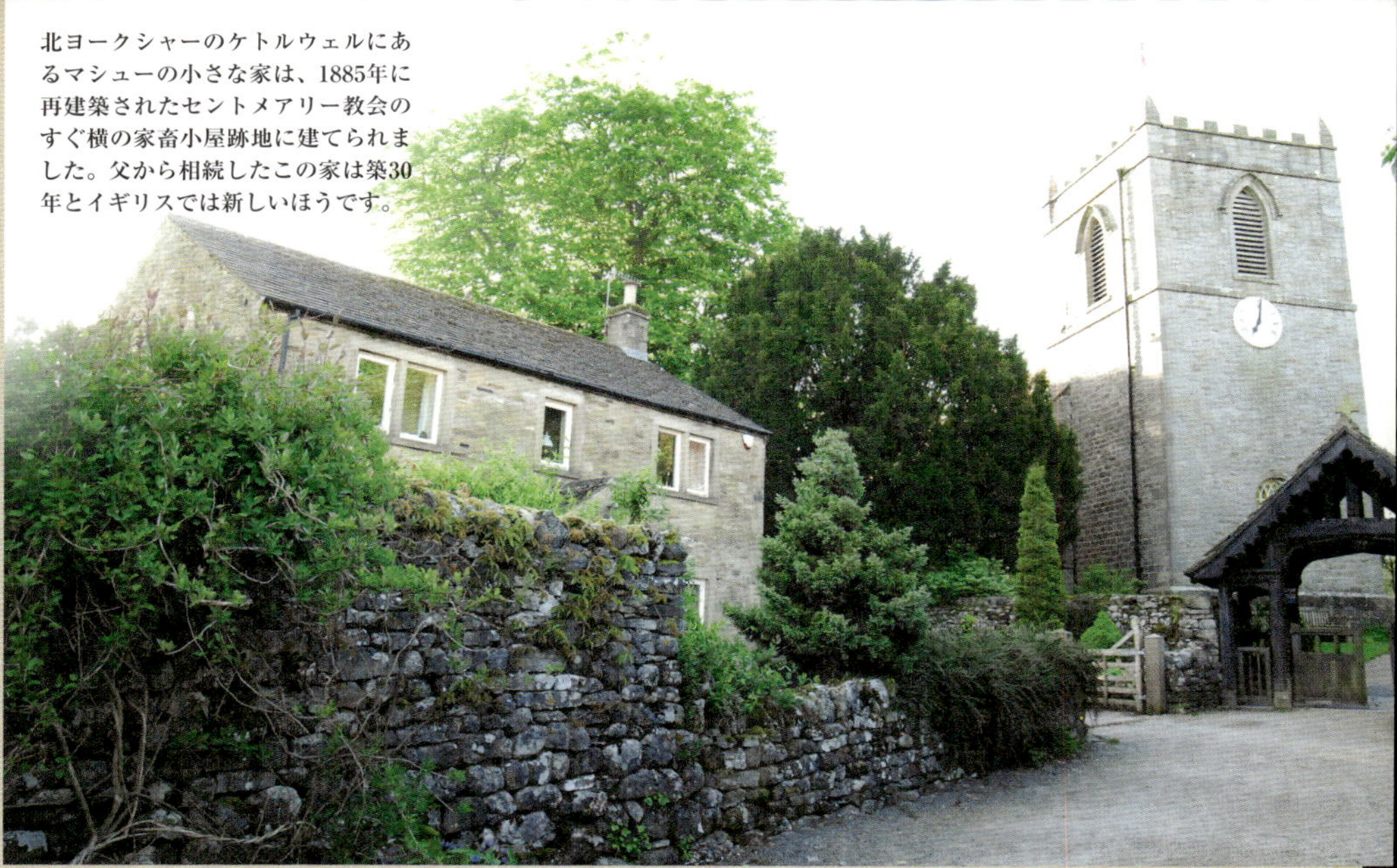

北ヨークシャーのケトルウェルにあるマシューの小さな家は、1885年に再建築されたセントメアリー教会のすぐ横の家畜小屋跡地に建てられました。父から相続したこの家は築30年とイギリスでは新しいほうです。

一人暮らしでも満たされる家

この家の家具は1940年代、祖父が結婚した折にまとめて購入したものばかり。食器棚には祖父母が蒐集した約80年以上前の皿を。大切な皿を飾って見せるのはイギリスの伝統。

1882年にロンドンで撮影された母親のアンジェラと亡くなった父親のジョンの写真。両親とも他界したのち、姉と二人、この家を相続。

寝室に飾られているクロシェは、祖父が自ら作り、マシューにプレゼントしたもの。

家財は全て家族から引き継いだもの。父親が昔買った絵も飾られていました。年月と共に価値が上がるもので構成された小さなリビング。

祖父からの贈り物。リバプールの農夫が使っていたピューターのプレートとマグカップ。100年前は中流階級も使用していたもの。

母方の祖父のコレクションで、1800年以前のOld Englishのプレート。

白黒のジョージ王朝時代のChina crockery。約200年前にリバプールで作られた家族の宝。

父方の祖母からもらったアームチェアも現役家具として使用。70年以上前のもので祖母がいつも座っていました。

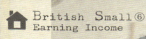

世界中を旅したからこそ、故郷と、この家の素晴らしさが分かる

マシューの母親は、祖父が経営するこの町のヴィレッジストアの上に住み、B&Bを経営していました。受け継いだ家と姉に教わったクロワッサンを焼き、彼もまたB&Bを始めたのです。

こうして、マシューは残された実家によって生きる糧と心穏やかな時間、そして大切な思い出を取りもどしました。

イギリス人は経済的なゆとりがあれば親の家を売却せず、維持しようとします。田舎の家は需要があり、代理店を通してホリデーコテージに貸し出すしくみがあるからです。滞在型の休暇が注目され、海外からの旅行者が増える日本でも、その地域ならではの生活体験ができる場は、ますます求められるでしょう。

私たちは莫大な貯金も豪邸も墓の中まで持っていくことはできません。

まして、自分が愛着を持って暮らした家が取り壊されることなく、後世の人々に使われるなら、故人の思い出は家と共に生き続けるのです。

また、マシューのように、資本をかけず、宿やカフェを始め、生活の糧を得ることもできます。残された家をもとに何かを始めてみる発想は、少子高齢化に向かうこれからの時代、実家問題への解決策の一つになりそうです。

キッチン壁面に備え付けた棚。来客用のお茶を取り出しやすく並べて。

キッチンには料理用のハーブ、バジルがありました。一人ごはんは暮らしていたイタリアの料理が多いそう。

祖父が営んでいたThe Village Storeよろず屋は今も営業中。

ケトルウェルの遊歩道にて。教師として、イタリア、韓国に赴任したけれど相続を機にUターン、スカイプで英語教師を続けながらB&Bも運営。心豊かなシングルライフです。

NO ORDINARY HOME
イギリスの小さな家が教えてくれたこと

貴重なローカルストーンで作られたウェールズのコテージハウス。1000万円少々と安く、年収の4倍しか住宅ローンを借りれないファーストバイヤーにとってはエキサイティングな工事が始まります。

ボイラーの上部に棚を付けて、熱でリネンがカラリと乾くクローゼットに。シーツ、タオルはいつも清潔。小さな家に欠かせません。

ものを置かず、小さめの家具でロンドンの家はいつも快適です。

ものを減らして、コンパクトに暮らすことが時代の流れになっています。

五〇歳でロンドンに見つけたヴィクトリア時代のフラットは五八㎡。ほうぼう痛んでいたものの、これまで見聞したイギリスの小さな家を参考に、家具を厳選し、ペンキを塗ってと悪戦苦闘。一〇〇万円少々の低予算リフォームながら、心洗われる、気持ち良い家が出来上がりました。二寝室の小さなフラットなのに、スタッフ六人がのびのび滞在。くつろげるのです。

冒頭でも触れましたが、イギリスの小さな家には、はっきりとした主張があります。コテージやタウンハウスに招き入れられた時に感じる暖かさ、楽しさ、親しみは、ロンドンの我が家にも宿っていると感じます。イギリスの人々が家づくりの中で最も大切にするホームリーという価値観は、小さな家だからこそ実感できるのかもしれません。

小さな家は部屋が狭い分、たくさんのものがよく見えます。家具の配置、壁紙の色合い、ランプの薄明かり。その一つ

定年を迎えたご夫婦は、料理好きな夫のため、キッチンをシンプルに改装。

一人暮らしの女性ほど小さな家に住み、ドア、床などポイントを決めて古い様式にこだわります。

子ども達が独立した後、小さな家へ住み替えるロンドンでの引っ越し。

コーナーに収まり良い丸テーブル。スペースを無駄にしない居間のレイアウト。

窓枠を塗るペンキ作業は英国夏の風物詩。家の補修は怠りません。

ひとつを見ていると、小さな家はどんな邸宅より上質の住まいだと思えるのです。

住宅高騰のせいか、イギリスでは住まいだけでなく生活全般にわたって、よりシンプルな方を選択する傾向が強くなりました。

たとえばカップル二人が暮らす家に、子ども一人の家庭に、最後は一人になる人生に、経済的負担を背負う大きな家は本当に必要なのか。広いリビングは必要なのか。予備室もいらないのではないか。

こんな風に一ヵ所ずつ、いらない空間を切り捨てて必要なパーツをつないでいくと、最後に自分の生き方にぴったり合った適切なサイズの家が出来上がり、使わなくてよかったお金、時間が戻ってきます。小さく、簡素にすることには意味があり、深い考えがあるのです。

そんな知的な選択が Less is more ――今よりもっと大きな人生の満足を得ることにつながるのだと、年を重ねてますます思うようになりました。この本が幸せな家作りの参考になれば幸せです。

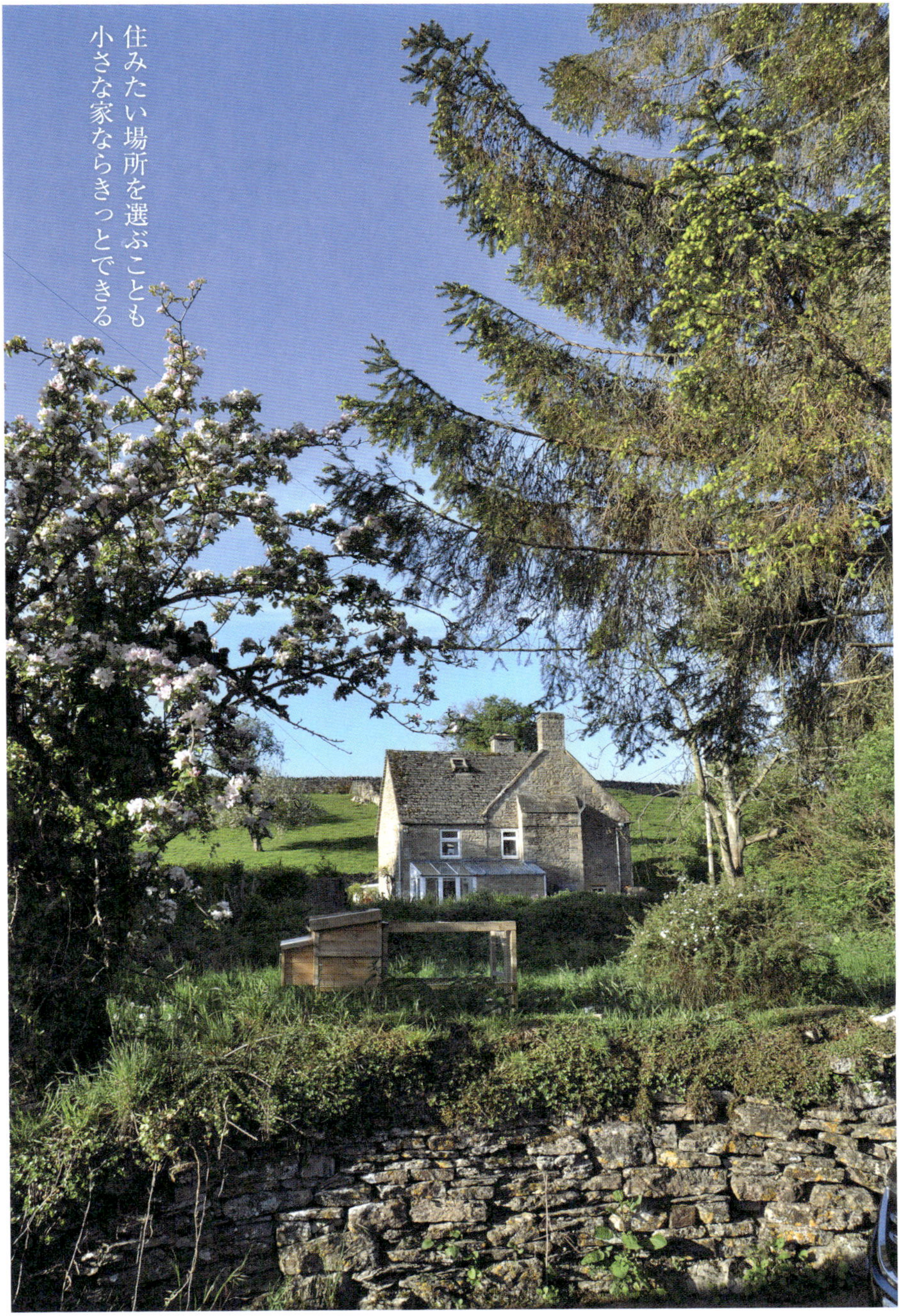

住みたい場所を選ぶことも
小さな家ならきっとできる

番外編
SPECIAL EDITION

小さな暮らし・小さな仕事
記憶に残るよろず屋を作る

イギリスの小さな町や村にあるよろず屋「The Village Store」は
田舎のコテージに通じるごった煮の魅力が詰まっていました。

イングランド北西部ランカシャーのコーワン・ブリッジ。100年前から営業を続けるよろず屋。

イギリスの家を取材するうち、小さな町や村の小商いにも興味を抱くようになりました。十年以上も昔、コッツウォルズの小さな村で、賑々しく住人が集まる郵便局を発見。そこで販売されている古本やくたびれたポストカードを買って、局内の隅っこでお茶を飲みつつ、読書したり、絵葉書を書くなど人々が和んでいました。これが地域の人々が集うイギリスの「The Village Store」、よろず屋を知ったきっかけです。日用品、食料品、地元作家のクラフトなど、郵便局の業務を兼ねた店内にはひと通り何でも揃っていました。

また、ヨークシャーのブロンテ姉妹が暮らしたこともある町では、よろず屋に素敵なティールームも併設されて、買い物に訪れる人々の憩いの場となっていました。日本にもこんな店があればいいのにという思いが頭をもたげ、五〇代半ばで実現に向けて動き出したのです。

英国・小さなよろず屋のディスプレイ。お茶、食品、石鹸など雑然と並べ、コージーな雰囲気。

手描きの看板。シンプルなのに味がある。シャビーで、店の中へとそそられる。

ホームメイドのケーキを置き、戦後ティールームを始めたというコーワン・ブリッジの店主。

東京・手がけたよろず屋。地図や古本、服、日用品を整然と並べないディスプレイ。

窓台は外側のみ木製飾り枠を取り付け、内側には、雑貨が置ける棚を設置。

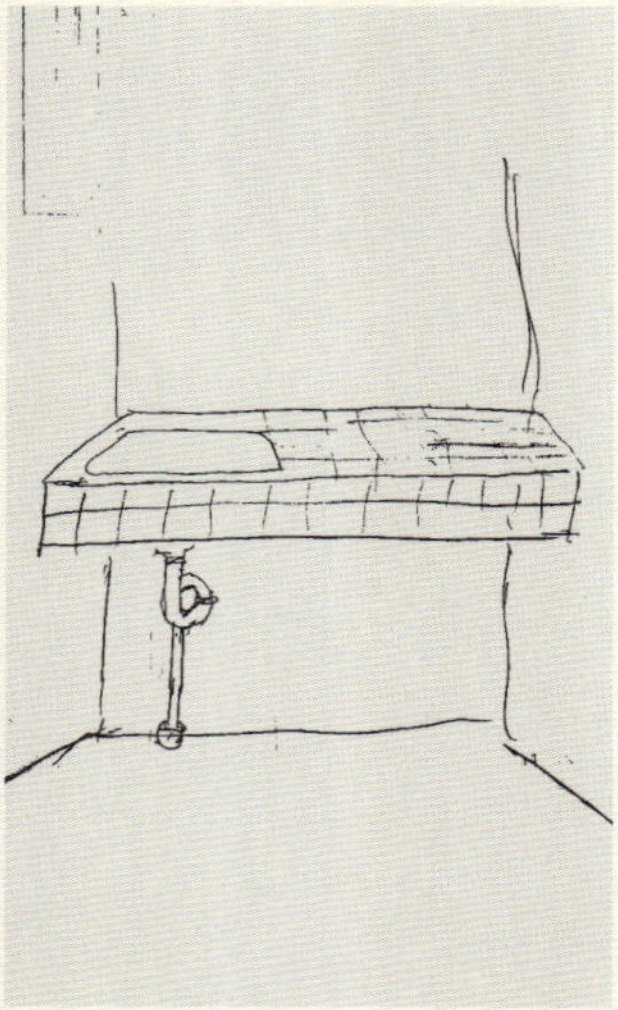

キッチン設置は予算オーバー。流し台の造作をデッサンして3万円でタイル張りカウンター付きキッチンを依頼。

過去の造作物を全て撤去し壁は汚れも味わいと、そのまま塗らずに生かします。

看板はロンドンの職人さんに依頼。

70万円の予算で小さな店づくり

使える部分はそのままに余計な作業を省くのがコツ

すでに、執筆の合間にイギリスの工房で作られる雑貨や服を紹介するイベントを始めていました。「コテージインダストリー」と呼ばれる職人や作家の作品を並べて。

このイベント、「小さな英国展」は、阪急うめだの「英国フェア」出展と平行して、私の地元、東京都・吉祥寺で年に二回開催するようになりました。

英国生活情報誌を発行する私たちのもとには、常設のお店を作ってという熱いリクエストが届き、小さいスペースなら何とかなるかもしれない、時は熟したと、よろず屋のイメージにぴったりの物件探しを開始。一年経った二〇一五年秋、ついに以前から望んでいた吉祥寺の裏通りに小さな店舗を見つけました。

善は急げと申込み、契約。不動産屋さんの紹介で知り合ったDIYが大好きな工務店さんと、四〇㎡足らずの空間をよろず屋に改装。何度も図面を描き、イギリスの街角にあるような昔懐かしい店を模索。七〇万円の予算ながら、最低限の工事だけをお願いすることで、遂に思い描いた店が出来たのです。

送料込み6万5千円のネットで見て購入した英国製ドアとドアノブの到着を待ちます。

ドアの取り付け後、ゆるいドアノブに修理が必要と判明。古いドアノブでは閉まりが悪いため、泣く泣くドアハンドルを現代のものに変更。

統一感のある古い風合いを出すために入口側の明るすぎる床には柿渋を皆で塗りました。約30分の作業です。

店舗奥の床は研磨後にダークブラウンのテカリの強いニスを塗り、伝統的英国のフロアを再現。シンプルながらも素晴らしい存在感！

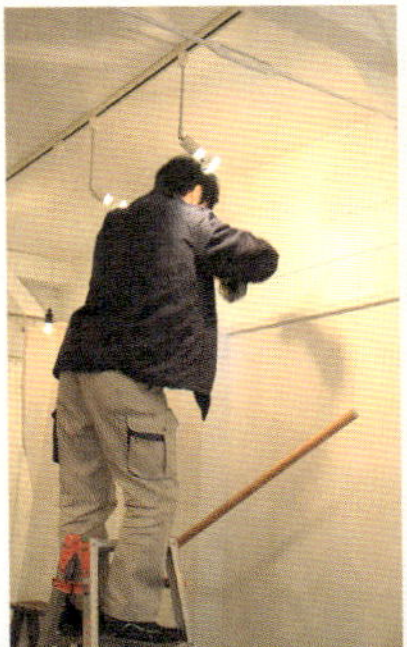

木製の手摺部材である丸棒をハンガー掛けに。両脇にネジを入れ上から吊すワイヤーに引っ掛けます。服の重量に対する耐性と人の顔にぶつからないように、より高い位置に設置しました。

中央の照明はブロカントな手作り鉄製の電傘を吊します。

東京の吉祥寺にある「The Village Store」の内観。入口には1950年代のヴィンテージドアを取り付け、両脇にショーウィンドウと採光を兼ねた高さ160cmのガラスをはめ込みました。柔らかい光を放つ12台のライトを設置し、間接照明の陰影が落ち着く店内に。

町角にたたずむ「よろず屋」完成！

照明、英国製ガラスドア、手作りカーテンがアクセント

古いよろず屋らしくするために何でも再利用。編集部で使っていたリッポン大聖堂のベンチをバラして作られたテーブルを運び込み、古い折りたたみテーブルも、クロスをかけてカウンターに。

木工工事の費用をセーブするため、間仕切りもゴブラン織りの布を垂らすのみ。手作りキッチンをフィッティングルームに。格安で入手したオレンジ色のレトロランプをフロントに。間接照明マジックで古びたイメージが強調されました。

店の一角には震災義援金を集めるためのチャリティコーナーを設け、福祉施設に焼いてもらったパンの販売など、イギリスで見聞きしたボランタリー精神も詰め込んでいます。

現在のところ、一ヵ月に一度、数日間のみ開店。本業とのバランスをとりつつの期間限定ですが、イギリスで撮影した写真を壁に貼り、無名アーティストの曲を流しと、記憶をたどり、手を加えの繰り返し。ユニークなゲストを招いたお話し会など、イギリスを愛する方々が足を運んで下さる場所を目指しています。

アンティーク店で見つけたシャビーな薬品棚。コートも掛かる高さに作りつけたポールで、ハムステッド発のコートドレスなどオリジナルの服を展示。

Ⓔ吉祥寺・よろず屋
「The Village Store」
東京都武蔵野市吉祥寺本町2-18-7-1F
JR吉祥寺駅から徒歩5分
不定期オープン。
☎03-3352-8107
詳細はブログでお知らせします。
http://keikoigata12.blog.fc2.com

ドア窓の一部にはBull's eyeと呼ばれるうず巻きガラスが。ブローパイプによって気泡をつくり、回転させて作る英国の古い住宅に見るガラスです。

店舗の外観。中でゆっくり過ごせるように歩行者の目の高さにカフェカーテンを。程良い目隠しです。

以前のテナントさんが作り付けたデッキは手を加えず、大切に使用します。

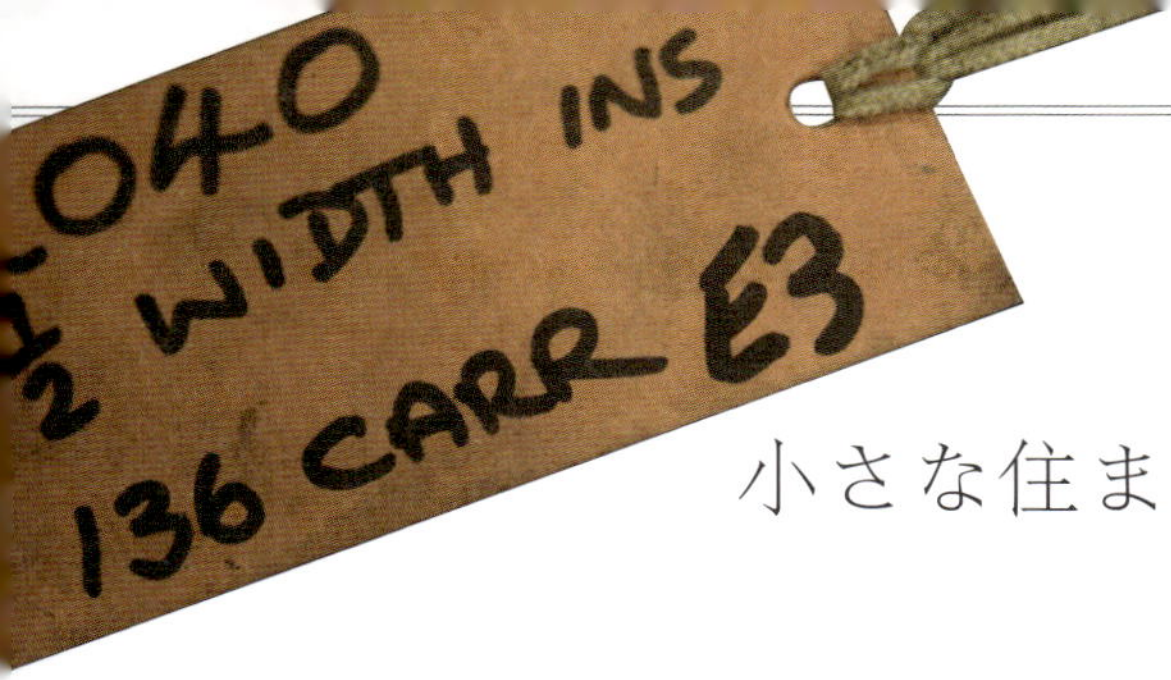

井形慶子

Reading to Know

小さな住まいと暮らしに役立つ 著作リスト

物件購入ドキュメント

老朽マンションの奇跡
（新潮文庫）

「ガラクタ物件」といわれる500万円の吉祥寺中古マンションをロンドンフラットへ再生する疾風怒濤のドキュメンタリー。誰もが持てる家のカタチを追求して、リフォームブームを巻き起こした話題作！

よみがえれ！ 老朽家屋
（ちくま文庫）

東京・吉祥寺の狭小住宅を終の住まいとしてリフォームした住宅ドキュメンタリー第2弾！ 限られたスペースの昭和の家を英国風コテージに変貌させるリノベは迫力。持ち家をダウンサイジング、おうちショップを作りたい人も必読。

年収300万円で人気の街に家を買う！
（講談社）

収入が少なくても大丈夫！ 内見数500件と日英7回のリフォーム経験をもとにお宝物件の発掘方法を伝授。人気の町に家を求める場合の見極め方。買ってはならない中古マンションなど知っておきたいノウハウも掲載。

家づくりのアイディア

イギリス式 節約ハウスキーピング
（宝島社）

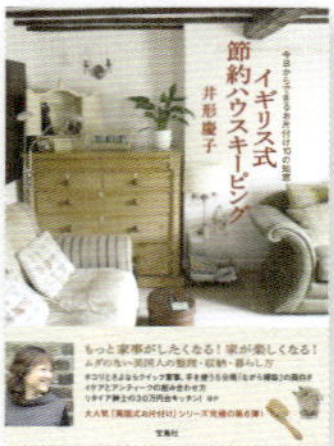

1日30分掃除から洋服のたたみ方まで英国家庭で見聞きしたクイック家事のテクニックを写真とともにわかりやすく解説。ラグによる狭小スペースの使い方や小さいキッチンの食器の収納法は必見。

井形慶子のイギリス庶民のインテリア 少ないお金で心地良く過ごす家づくり
（辰巳出版）

英国の労働者階級の家づくりは面白い！ 小さな部屋をいかに温かく居心地の良い室内にするか。すぐ活用できるお金をかけない庶民のインテリア・総集編。ボタンジャケット、ソフィさんのコテージも掲載！

イギリス式シンプルライフ 月収15万円で暮らす豊かな手引き
（宝島社）

ロンドン・ハムステッドのフラットを150万円でリフォーム。そのプロセスを一挙公開！ コッツウォルズで見つけた最高のコテージ、カシミア＆アイリッシュリネン紀行と気になるトピックが詰まったシンプルライフ決定版！

イギリス人の魅力溢れる豊かな暮らしと、
家づくりに取り入れたい小さな工夫の数々を
書き下ろした代表作品を紹介します。

老後&暮らしの知恵

日本に住む英国人がイギリスに戻らない本当の理由
(KKベストセラーズ)

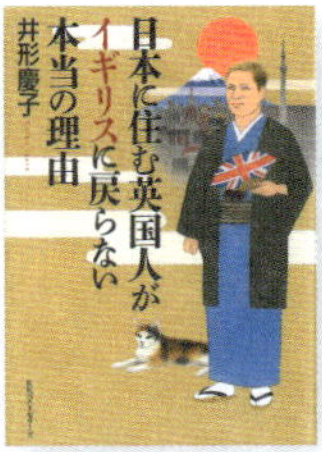

ヨーロッパからの居住・訪日人数トップの英国人の目から、日本の豊かな暮らしを探る。盆栽が並ぶ縁側や箱庭の美しさ、靴を脱いで家に上がる清潔な生活習慣まで、これからの住まいを考える手引きにも。東京五輪を前に役立つ情報満載。

イギリス式「おばあちゃんの知恵」で心地よく暮らす
(講談社)

小さな家を快適にするイギリスのおばあちゃんの知恵を紹介。「食器洗いは洗い桶とティーバッグで」「グラスの輝きにお酢リンス」「オレンジの皮でお部屋の空気清浄」など真似してみたい暮らしの指南書。

今すぐ会社をやめても困らないお金の管理術
(集英社)

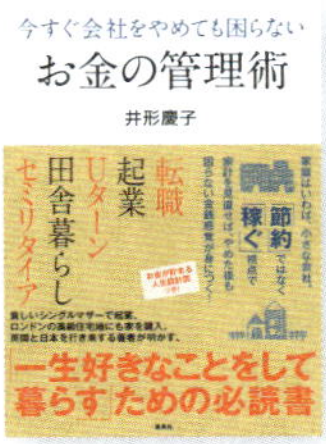

著者初のお金まわりのエッセイ。30で割れば高額な家具や防犯シャッターも踏み切れるなど、自らの経験をもとに老後までのお金の考え方を提案。本当に必要なものにお金が行き渡る会心の作。

なぜイギリス人は貯金500万円で幸せに暮らせるのか イギリス式中流老後のつくり方
(講談社)

貯金ゼロ?! も珍しくないイギリス人の幸せなリタイアメント、そして老い。そこには驚く生き方のヒントがあった。50代、自分の老後も見据えつつ、5年の歳月をかけて取材した感動のエッセイ! イギリスの高齢者住宅など珍しいカラー撮り下ろし写真も収録。

ロンドン暮らし実録

突撃! ロンドンに家を買う
(ちくま文庫)

19歳からイギリスに通い続ける著者がついに満を持して英国住宅取得に乗り出した。舞台はロンドンのヴィレッジ、ハムステッド。限られた予算で世界の富豪と戦いつつ、フラットを購入するまでを描く感動のドキュメンタリー。

ロンドン生活はじめ! 50歳からの家づくりと仕事
(集英社文庫)

50歳にしてロンドンの物件購入という夢を叶えたその後を描いた人気作。インド系ビルダーと築120年のヴィクトリア時代58㎡のフラットを理想の家に仕上げる過程を綴る。リアルなイギリスの活動日記も収録。

ハムステッドの路地を歩けば 節約しながら優雅に過ごすロンドン
(筑摩書房)

ロンドン北西部に位置する閑静な住宅街ハムステッド。そこで小さなフラットに暮らしながら出会った人々やお店、風景などを紹介。50代で始まったロンドン暮らしを綴ったもう一つのロンドンを伝えるユニークな紀行エッセイ。

◎著者略歴
井形慶子（いがた・けいこ）

長崎県に生まれる。大学在学中から出版社でインテリア雑誌の編集に携わる。28歳で独立、出版社を興し、イギリスの暮らしをテーマにした情報誌『ミスター・パートナー』編集長の傍ら、イギリスについてのエッセイを執筆。独特の視点で共感をよぶ。著書はベストセラーとなった『古くて豊かなイギリスの家 便利で貧しい日本の家』（新潮文庫）、『イギリス式 月収20万円で愉しく暮らす』（講談社＋α文庫）、『イギリス式 シンプルライフ』（宝島社）他多数。近著は『今すぐ会社をやめても困らない お金の管理術』（集英社）、『突撃！ ロンドンに家を買う』（ちくま文庫）、『なぜイギリス人は貯金500万円で幸せに暮らせるのか イギリス式中流老後のつくり方』（講談社）

社団法人 日本外国特派員協会会員　ザ・ナショナル・トラスト ブランド顧問
公式ホームページ　http://www.mrpartner.co.jp/
井形慶子のブログ「よろず屋 Everyman Everyman から」
http://keikoigata12.blog.fc.com/

編集・撮影　井形慶子＋ミスター・パートナー
監修　リチャード・クレイドン
表紙・本文デザイン　野澤千賀子

※電話番号、ホームページアドレスなど、お店の情報は2016年8月現在のものです。

イギリス流 小さな家で贅沢に暮らす

2016年10月20日　初版第1刷発行
2024年 9 月30日　初版第3刷発行
著　者　井形慶子
発行者　鈴木康成
発行所　KKベストセラーズ
〒112-0013
東京都文京区音羽1-15-15　シティ音羽2階
電話 03-6304-1832（編集）　03-6304-1603（営業）
http://www.bestsellers.co.jp
印刷・製本　近代美術株式会社

定価はカバーに表示してあります。　乱丁、落丁本がございましたら、お取り替えいたします。

©Keiko Igata 2016 Printed in Japan
ISBN 978-4-584-13750-5 C0095